五感を探るオノマトペ

「ふわふわ」と「もふもふ」の違いは数値化できる

坂本真樹 [著]

コーディネーター 鈴木宏昭

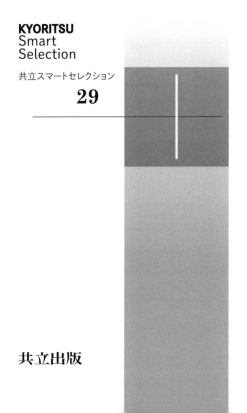

KYORITSU Smart Selection

共立スマートセレクション
29

共立出版

まえがき

　なぜ,いま,私はこの研究をしているのか？　振り返ってみても,とても不思議です.

　もともと,こういう研究をすることを目標にして勉強をしてきたわけではありませんでした.面白そうだな,と思うことを専門分野にこだわらずやってきて,今がある,という感じです.私は大学ではドイツ語を学びましたが,会社で実務をすることよりも,もっと好きな勉強をし続けたい,と思いました.言語の勉強が好きで,ドイツ語と日本語と英語を比較しながら研究をしているうちに,言語を使いこなす人間の能力自体に興味をもつようになりました.思えば,一つの言葉がいろいろな意味をもつような,いわゆる曖昧で感覚的な表現に興味をもつことが多かったように思います.オノマトペは,一つの表現がさまざまなものを表現するのに使われていて,いろいろな意味をもっているような,不思議な言葉に思えました.「さらさらした紙」,「さらさらした布」,「さらさらした石」,「さらさらした髪」のように,物理的には異なるものに,「さらさら」というオノマトペが使われたりします.一体,「さらさら」の意味は何なのでしょう.オノマトペは言語学や心理学分野で多くの先行研究がありました.しかし,私が感じる不思議さの解明に向けて,まだ何かできると感じました.

　偶然にも,私は人間の言語の研究をしてきたにも関わらず,理工系の大学で教育研究をするようになっていました.当初,文系出身で理工系の大学で働くことの大変さはありましたが,大学院生の時

も，自分が所属している専攻以外の研究室とも交流をしてきて，専門分野へのこだわりはありませんでした．理工系の技術にも興味をもち，勉強をするうちに，文系分野で研究されていたオノマトペに，理工系の技術を応用したら新しいことができるし，私が感じる不思議の解明に近づけるのではないかという期待が膨らみました．期待していた以上に，一言のオノマトペがもつ多様な意味を数値化するシステムは，広く産業応用されるようになり，オノマトペに反映される人の認知過程の不思議さの解明にも迫ることができました．まさにオノマトペは，サイエンスとエンジニアリングの接点となったのです．

　この本を手に取ってくださる方は，学生さんが多いかもしれませんが，勉強しなければいけないから勉強するのではなく，知りたいという気持ち，不思議だと思う気持ちを大切にしていただきたいです．研究者の方は，ご自分の専門分野の論文ばかりを読むのではなく，興味のおもむくまま，自由に研究をしていただきたいですし，さまざまな手法を学び使ってみることをいとわない勇気をもっていただければと思います．本書が，読者の方に新しい気づきを与えることができて，ワクワクするような感覚をもつものになることを祈っています．

※本書で解説している研究の一部は，文部科学省科学研究費補助金 新学術領域研究 質感脳情報学（課題番号 23125510 及び 25135713）と多元質感知（課題番号 15H05922）及び基盤研究 B（課題番号 15H02766）の助成を受けたものです．

2019 年 5 月

坂本真樹

目 次

① 日常に欠かせないオノマトペ ……………………………… 1
- 1.1 どのような時に,どのようにオノマトペは使われるのか? 2
- 1.2 そもそもオノマトペとは何か? 4
- 1.3 擬音語と擬態語 5

② さまざまな分野で研究されるオノマトペ …………………… 10
- 2.1 言語学におけるオノマトペ 10
  - 2.1.1 世界の言語に見られる音象徴的現象 10
  - 2.1.2 日本語に見られる音象徴性 12
  - 2.1.3 音象徴性について音声学的に考える 16
- 2.2 心理学におけるオノマトペ 18
- 2.3 脳科学におけるオノマトペ 21
- 2.4 マーケティング分野におけるオノマトペ 23
- 2.5 工学におけるオノマトペ 25

③ オノマトペの強み ………………………………………… 27
- 3.1 負担のない感性の定量化方法 27
- 3.2 感覚を微細に表現できる 30

④ オノマトペの音に感覚が結びつくことを示す科学実験 … 35
- 4.1 味覚の世界 35
  - 4.1.1 食べたり飲んだりした時の感覚を伝えるオノマトペ 35
  - 4.1.2 オノマトペに使われる音は美味しさの感じ方と関係がある 37

　　　　4.1.3　味覚の評価方法　　40
　　　　4.1.4　美味しい飲み物と美味しくない飲み物で実験　　43
　　　　4.1.5　味の微細な印象もオノマトペに表れる　　45
　　4.2　触覚の世界　　47
　　　　4.2.1　手触りは感性に直結する　　47
　　　　4.2.2　手触りの快・不快がオノマトペに表れる　　48
　　　　4.2.3　触覚研究の難しさへのオノマトペによる挑戦　　53
　　4.3　視覚の世界　　56
　　　　4.3.1　見た目の粘性を表すオノマトペ　　56
　　　　4.3.2　粘性がオノマトペの音に表れる　　56

5　擬音語を数値化してみる　　60

5.1　聴覚の世界　　60
　　5.1.1　人は聞こえた音を擬音語で表現する　　60
　　5.1.2　音質の評価方法　　63
5.2　擬音語による音質評価　　65
　　5.2.1　効果音の音質評価実験　　67
5.3　擬音語を数値化するシステム　　72

6　あらゆるオノマトペを数値化するシステムへの拡張　　78

6.1　視触覚的印象を表すオノマトペを数値化するシステムの作り方　　79
6.2　味覚的印象を表すオノマトペを数値化するシステムも作ってみた　　89
6.3　オノマトペ生成システム　　91
6.4　オノマトペを数値化するシステムからわかる認知メカニズム　　99
　　6.4.1　音象徴性は生得的？　後天的？　　99
　　6.4.2　真正オノマトペと境界オノマトペ　　101
　　6.4.3　生得性と学習に支えられるオノマトペ能力　　104

⑦ オノマトペを数値化するシステムの産業応用 …………… 106

7.1 模造金属を実金属に近づけるデザイン提案　106
　7.1.1 なぜオノマトペ？　106
　7.1.2 質感とは？　107
　7.1.3 実金属と模造金属から感じる質感　109
　7.1.4 実金属からはオノマトペが想起されやすかった　111
　7.1.5 非専門家は見た目から手触りを想起していた　112
　7.1.6 オノマトペを数値化するシステムでデザインの最適化　112

7.2 商品イメージを強調する色が提案できる　116
　7.2.1 色はオノマトペで表せない？　116
　7.2.2 色は質感を強調する　118
　7.2.3 オノマトペから色を提案するシステム　121
　7.2.4 オノマトペから色を提案するシステムの応用例　122

7.3 オノマトペで商品検索　125
　7.3.1 インターネットショッピングの課題　125
　7.3.2 質感を重視した商品検索を可能にする方法　129

⑧ オノマトペを数値化するシステムでもっと個人に寄り添う… 135

8.1 患者の主観を尊重した医療への貢献　135
　8.1.1 オノマトペで医療面接支援　135
　8.1.2 痛みとは　137
　8.1.3 痛みを表す言語表現　140
　8.1.4 痛みを表す言語表現の評価の難しさ　142
　8.1.5 痛みを表すオノマトペを数値化する　146
　8.1.6 オノマトペと比喩の結びつきが重要　149

8.2 個人ごとに違う感性に寄り添うために　151
　8.2.1 ものの感じ方は個人によって異なる　151
　8.2.2 オノマトペによる個人差可視化システム　153

引用文献 …………………………………………………… 160

おわりに 人工知能でも重要なオノマトペの大いなる可能性 … 168

オノマトペが描き出す，新しい人間像
（コーディネーター　鈴木宏昭）…………………………… 172

索　引 ……………………………………………………… 177

①

日常に欠かせないオノマトペ

　日本人なら，1日に1度はオノマトペを使ったり，聞いたり，見たりしているはずである．「眠くて頭が ぼーっ とする」，「顔を洗って さっぱり しよう」，「ふわふわ，とろとろ のオムレツを食べよう」，「雨が ざーざー 降ってる」，「梅雨は じとじと して嫌だな」，というように，オノマトペは私たちの日常に欠かせない存在である．ところが，オノマトペとは何か，一般の人も，言語学者などの専門家でも，その実態をつかむのは難しいとされている．意味が曖昧で感覚的な表現に感じられるせいか，子供が関係する場面で使われることが多いせいか，片仮名や平仮名で表記されるせいかはわからない．オノマトペには「幼稚な言葉」という印象があるせいか，男性はしばしば「私はオノマトペ使わないので」と主張する．しかし，そんな男性も，「のどが ひりひり する」といったり，「飲みすぎで胃が むかむか して，頭が ずきずき する」といったりする．そこで1章では，誰もが使わずにいられないオノマトペとは何なのか，どんな時，どんなところで使われるのかを紹介することで，定

義するのが難しいとされるオノマトペについて，イメージだけでもつかんでいただきたい．

1.1 どのような時に，どのようにオノマトペは使われるのか？

どのような時に，どのようにオノマトペは使われるのか，日常の朝の場面から例を示す．なお，オノマトペは，擬音語が片仮名，擬態語は平仮名で表されることが多い．片仮名で表記するか平仮名で表記するかによって印象が異なるという研究報告もある．ここではオノマトペが使われている箇所がわかりやすいように，下線をつける．

- ピピピピ スマホのアラームの音が鳴った．
  ⇒ 音を表すオノマトペ（擬音語）：5 章で解説
- もふもふの毛布，ふかふかの布団から出るのが嫌だ．
  ⇒ 手触りを表すオノマトペ（擬態語）：4 章以降で解説
- 頭がぼーっとして働かない．遅くまで PC を使って仕事をしていたせいか，頭がずきずき痛いし，目もちかちかする．
  ⇒ 身体感覚，痛みを表すオノマトペ（擬態語）：8 章で解説
- 歯を磨いて，顔を洗ったら少しすっきりした．新しい高機能クリームを昨夜つけたせいか，顔を洗っても肌がしっとりしている．ファンデーションのノリもよく，すべすべつるつるで嬉しい．グロスで仕上げたら唇もぷるんとみずみずしくなった．ドライヤーをかけたら，ばさばさ乱れていた髪もさらさらになった．
  ⇒ 見た目や手触りを表すオノマトペ（擬態語）：4 章以降で解説

- コーヒーをいれたら，<u>ふわーっ</u>といい香りがした．
  ⇒ 香りを表すオノマトペ（擬態語）：4 章で解説
- 焼きたてのトーストをかじると，<u>かりっ</u>と<u>さくさく</u>して美味しかった．
  ⇒ 味・食感を表すオノマトペ（擬態語）：4 章で解説
- はちみつを<u>とろーっ</u>と垂らしたら，手にこぼしてしまい<u>べたべた</u>になった．
  ⇒ 粘性を表すオノマトペ（擬態語）：4 章で解説
- さあ，今日はどんな一日になるだろう．<u>うきうきわくわく</u>する．
  ⇒ 感情を表すオノマトペ（疑似オノマトペ）：6 章で解説

　朝の短い一コマを描写しただけでも，たくさんのオノマトペが使われうる．このようなさまざまな種類のオノマトペについて，本書では，科学的・工学的角度から考察していく．

　ところで，この描写からオノマトペを抜いてみるとどうなるであろうか．

> スマホのアラームの音が鳴った．毛布，布団から出るのが嫌だ．頭が働かない．遅くまで PC を使って仕事をしていたせいか，頭が痛いし，目もおかしい．歯を磨いて，顔を洗ったら少しよくなった．新しい高機能クリームを昨夜つけたせいか，顔を洗っても肌がいい感じだ．ファンデーションのノリもよく，嬉しい．グロスで仕上げたら唇もみずみずしくなった．ドライヤーをかけたら，乱れていた髪も直った．コーヒーをいれたら，いい香りがした．焼きたてのトーストをかじると美味しかった．はちみつを垂らしたら，手にこぼしてしまった．さあ，今日はどんな一日になるだろう．

いかがだろうか．簡潔になったかもしれないが，臨場感も，体感も感じられず，味気なくないだろうか．どんなアラーム音が鳴ったのか，起き上がれない気持ちが実感できず，どんな風に不快なのか，どんな高機能クリームなのか，どんなお化粧の仕上がりなのか，コーヒーの香りも，トーストの味や食感もわからないし，はちみつを手にこぼしたらどうなるか，自分自身の体験を思い起こしにくくはないだろうか．オノマトペには，人の五感や気持ちに訴求する力がある．このようなオノマトペの力について，被験者実験を通して示されてきたことを紹介し，オノマトペの力を活かすことで，社会のさまざまな場面，産業で役立つ技術開発が行えることを伝えていく．

1.2 そもそもオノマトペとは何か？

オノマトペの語源は古代ギリシア語の「オノマトポエイア (onomatopoeia)」とされ，その原義は「語を創ること」，「名付け」であった．18 世紀にライプツィヒの書籍商ツェードラー (J. H. Zedler) が出版した『学術・芸術大百科事典 (*Grosses vollständiges Universal-Lexicon aller Wissenschaften und Künste*)』には，「まだ名をもたない事物のために相応しい名を案出すること」と記述されている．19 世紀半ばには，「響きの模倣，音の模写，自然の音や事物の音に似せて語を創ること」という記述が現れる．これは定義が大きく変化したのではなく，古代ギリシアにおいて「名付けること」の前提が事物の音声による模写だったためである．ソクラテスは発音時の舌の動きや唇の動きなど，それぞれの特性をもつ字母が事物の本質に則し，名として割り当てられていると推論している．古くから物語の架空の登場人物に名前を付ける際に，その特性を表す音を使った名前が付けられてきた．たとえ

ば，1726年に出版されたスイフトの『ガリバー旅行記』の中に登場する小人にはリリパット族（Liliputians），巨人にはブロブディンナグ族（Brobdingnagians）と名付けられている．2章で，/i/は小さいイメージと結びつき，/o/は大きいイメージと結びつくこと，清音と濁音の違いなどの話をするが，確かにリリパットの方が小さい感じで，ブロブディンナグの方が大きい感じがする．筆者が某バラエティ番組に出演した際，華奢なダンスユニットの女性タレントと大柄なタレントのどちらがリリパットっぽいか？という質問を投げかけたところ，華奢な女性タレントの方がリリパットだということで納得していた．また，黒川伊保子（著）『怪獣の名はなぜガギグゲゴなのか』などでも紹介されているように，濁音は怪獣の特性と結びつきやすい．音と印象の結びつきには，国を越えて，時代を超えて通じるものがあるようである．

　「対象の特性を表す音の響きで名前を付ける」といった原義をもつオノマトペであるが，日本語はオノマトペが豊富とされるにも関わらず，意外にも「オノマトペ」という言葉は知られていない．筆者の小学生時代もそうであったが，昔は，今でいうところの「オノマトペ」ではなく，「擬音語・擬態語」という名称で小学校低学年の国語の時間に学習されていた．大学の講義や講演でオノマトペの話をする時，国語の時間に「オノマトペ」という言葉で学習したか，「擬音語・擬態語」という言葉で学習したか，といった質問をすると，ちらほら「オノマトペ」として国語で学んだ，と手が上がる．年輩の人には「オノマトペ」は不思議な呪文のように感じられたりするようであるが今の小学生はオノマトペをよく知っている．

1.3 擬音語と擬態語

　オノマトペ，そして擬音語・擬態語の分類は完全に統一されては

おらず，日本語の辞書や辞典では，擬音語と擬態語の意味を区別せずに同一視しているものもある．一般的なオノマトペ研究では，擬音語と擬態語を区別せずに同列のものとして扱っているものも多いが，苧阪（1999）は，擬音語と擬態語の間にはやはり違いがあることから，両者は区別して考えるべきだとしている．

　研究者や文献によっても，オノマトペの分類の仕方は異なり，たとえば金田一（1978）では，外界の音を転写した言葉を「擬音語」といい，そのうち特に動物の鳴き声や人の叫び声などによるものは「擬声語」としている．これらは外界の音を類似の音声で模倣する音声模写とは異なり，文字によって表記できる言葉である．また，音で直接表現できない様子や状態，心の動きなどを音によって象徴的に表すものを「擬態語」としている．そのなかでも生物の状態を表すものを「擬容語」といい，人の心の状態を表すものを「擬情語」という．そして，これらを総称するものが「オノマトペ」であるという．

　ある一つのオノマトペが，擬音語と擬態語の両方にあてはまる場合がある．「どんどん」というオノマトペを例にとると，「ドアをどんどんと叩き続ける」といった例ではドアを叩く時の音声を表す「擬音語」となるが，「どんどん先に行ってしまう」といった例ではためらわずに急いで進む様子を表す「擬態語」になる．こういった例は，「ごろごろ」「だらだら」「さくさく」など数多く挙げることができる．日本語のオノマトペは，一つの語が複数の意味と用法をもつものが多いようである．

　飛田・浅田（2002）は，『現代擬音語擬態語用法辞典』において，擬音語を定義するにあたり，外界の物音や人間・動物の声を表現する方法はいろいろあるが，具象的な現実から抽象的な言葉に至るまでには，5つの段階を踏んでいるとしている．順に，(1) 類似の

音・声で対象の音・声を模倣する，(2) 音・声による対象の音・声の表現，(3)「映像」による対象の音・声の表現，(4) 文字による対象の音・声の表現，(5) 擬音語，の5段階である．また，擬態語の定義に関しても，擬音語と同様の5つの段階があるとしている．(1) 対象となる様子を類似した状況の様子で模倣する，(2) ドラマなどで用いられる効果音で心理描写する場合のように，音声で対象の様子を表す，(3) 映像による対象の様子の表現，(4) 文字による対象の様子の表現，(5) 擬態語，である．飛田・浅田 (2002) の定義では，5段階のうち最終段階に属するもののみを擬音語・擬態語として採用している．この定義に従えば，擬音語と擬態語は容易に区別できると思われる．しかし，先ほどの「どんどん」の例でもわかるように，実際には，擬音語と擬態語の区別は簡単ではない．「雨がざーざー降っているよ」という発話において，話者が軒下にいれば，確かに「ざーざー」で表現される現実音は聞こえてくるので，擬音語のようにとることができる．しかし一方，建物の中からガラス越しに見る時などは，「ざーざー」という音は聞こえないと思うが，それでも話者は激しく降る雨の様子が見えれば，「ざーざー降っている」と表現するだろう．この場合，この「ざーざー」は雨が激しく降る様子を表す擬態語のようにとることができる．「ざーざー」が擬音語的に使われていたり，擬態語的に使われていたりすることを考えると，ある表現が擬音語か擬態語か，辞書的にどちらかに定義することは難しいことがわかる．

　また，昔の使われ方から現代に至るまでの間に，もともとは擬音語だったものが擬態語に変化したりする．6章でも触れるが，「さらめく」には，①「柳の長い枝などが，風に揺られて葉ずれの音がする」，②「人が肩で風を切って颯爽としている」，③「人が世の中で時めく」，④「皮膚などに潤いがなくなる」という意味が見られ

る．まず①→②への意味拡張については，①の「葉ずれの音がする」という意味から，「柳の枝が風を受けている様子」へと拡張され，さらに比喩が加わり，②の「人が風を受けて颯爽と歩く様子」へと拡張されたと考えられる．そしてこの意味は，さらにメタファーにより③の「時めく」という意味へと拡張されうる．①→④への意味拡張については，サラという葉ずれの音は反復形では滞りなくすべるような音であり，それは渇いたものの表面でものがすべる音である．この音から，乾いた皮膚に触れた時の「渇いているという感覚」「潤いがない様子」が感覚経験の同期によって意味拡張され，現在のような手触りを表す④「さらさら」といった擬態語としての用法が生まれたものとされる．(大澤，2007)．つまり，ある一つの表現が，擬音語から擬態語へと時間とともに変化していくため，ある時点で擬音語なのか擬態語なのかを区別することも難しい．

なお，本書では，便宜的に擬音語か擬態語か区別して用いる場合は，金田一 (1978) の分類における「擬音語」と「擬声語」を総称して「擬音語」とし，「擬態語」と「擬容語」，「擬情語」を総称して「擬態語」とする．そして擬音語と擬態語の総称として「オノマトペ」と呼ぶ．

擬音語か擬態語かの区別の話をしてきたが，実は，オノマトペかそうでないか，どこまでをオノマトペとするか，の区別も難しく，しばしば研究者の間でも議論になる．

2013 年に，NHK の番組で，「増殖するオノマトペ」という特集が組まれた．まさに日本語は，五十音を組み合わせて新しいオノマトペを生み出すことができる言語であり，「もふもふ」という新オノマトペは若者中心に生まれてから，広く使われるようになった例として有名である．英語の場合は，動詞の一部を切り取ってオノマトペを作ることは難しいが，日本語では，「さらめく」と「さらさ

ら」場合のように，動詞とその一部を使ったオノマトペが普通にある．「ぴかぴか」というオノマトペから「光る」という動詞ができたりもする．また，2章でも紹介するが，「さらさら」「ふわふわ」など，オノマトペは，音韻の反復表現が多いせいか，音韻を反復すればオノマトペになる，と思われているようでもある．某SNSでは，アドレス交換する際に端末同士を近づけて「振る」ことを「ふるふる」というが，これも動詞を繰り返すことでオノマトペらしくしている例であろう．「振る」から派生したとされる「ふらふら」がオノマトペとみなされていることから，そのうち「ふるふる」もオノマトペとしての市民権を得てしまうかもしれない．6章でも紹介するが，もともとはオノマトペではなかったものがオノマトペのようになっている「疑似オノマトペ」というものがある．何がオノマトペで，何はオノマトペでないのかは，難しい問題である．

　オノマトペとは何か，ということについて，いろいろな問題を紹介したが，本書では，「対象の特性を表す音の響きで名前を付ける」という原義に着目し，音の響きと対象の特性や印象に結びつきが感じられるものをオノマトペとして緩く定義し，オノマトペかそうではないかを逐次明確には区別せずに紹介していきたい．

さまざまな分野で研究される
オノマトペ

　オノマトペは言語なのだから,言語学の研究対象だろう,と思われるかもしれない.しかし,言語学という学問分野が成立した頃は,オノマトペは,特殊な言語として周辺に追いやられ,むしろ,言語学以外の分野で注目され,活用されてきた.本章では,さまざまな学問分野でのオノマトペ研究の歴史について見てみよう.

2.1 言語学におけるオノマトペ
2.1.1 世界の言語に見られる音象徴的現象
　言語が学問として研究されるようになった初めの頃,近代言語学の父と呼ばれるスイスの言語学者ソシュール（Ferdinand de Saussure）は,言語の音と意味の間の関係性は言語共同体ごとに恣意的・慣習的に決まっているだけで,必然的な結びつきはないとした（Saussure, 1916）.たとえば,「ワンワン」と鳴くあの動物は,日本語では「イヌ」という発音の言語で表されるが,英語では「ドッグ」と発音される言語で表され,ドイツ語では「フント」と

発音される言語で表される．何を，どのような言語音で表現するかは，各国語が，慣習的に決めているだけである．

一方，古代ギリシア哲学者として有名なプラトンは，初期の対話集である『クラチュロス (*Cratylus*)』の中で，言語表現の中にはまさにオノマトペのように，音韻や形態と意味の間に何らかの関係性が見られる場合があることを鋭く指摘している．つまり，音が何らかの事象を象徴的に表す，「音象徴性」である．しかし，そのような言語表現は言語全体で見ると周辺的なものとされてしまっていた．

ソシュールとほぼ同時代，同じく構造主義言語学者で，音韻意味論 (phonosemantics) を唱えたドイツの言語学者フンボルト (Wilhelm von Humboldt) は，言語を学問的な研究対象として成立させるには，各国語ごとに数が限られている音と意味の関係性を体系化するのがよいのではないかと考えた．この流れで研究をしていたデンマークの言語学者イェスペルセン (J. Otto H. Jespersen) は，ヨーロッパの言語の音と意味の関係性の通時的変化を調べた．そして，たとえば，英語の wee, tiny, slim, little のように，母音/i/は，「狭い，細い，弱い，薄い」といった意味と結びつくことを発見している．さらにイェスペルセンは，音韻と明暗の関係について，母音/i/は明るさ（ドイツ語の "licht" など）を表すのに対し，母音/u/は暗さ（ドイツ語の "dunkel" など）を表すといった例も指摘している．同時期に，アメリカの言語学者サピア (Edward Sapir) は，音と意味の結びつきについて興味深い調査を行っている (Sapir, 1929)．"mal"（マル）と "mil"（ミル）という無意味語を作り，それぞれに同一の「机」という意味を与え，被験者にどちらが大きい机であると感じるかを選択させる調査をし，母音/a/を含む "mal" の方が大きいと感じるという傾向を報告して

いる．さらに，アメリカの構造主義言語学者ブルームフィールド（Bloomfield, 1933）は，語頭音に何らかの意味が結びつきやすいとし，たとえば，crash, crack（creak），crunch のように/kr/で始まる語や，scratch, scream のように/skr/で始まる語は，うるさい衝撃音が表されるとしている．つまり，一見慣習的に決まっているだけのような普通の言語の一部に，音と意味の結びつきが見られるというのである．

　後で見るように，日本語に豊富とされる「オノマトペ」では，音と意味の結びつき，つまり音象徴性が体系的であるが，音象徴性に着目した研究は，意外にも欧米が盛んであった．それどころか，イギリスの言語学者ウルマン（Ullmann, 1962）は，音声的聴覚的基盤による，いわゆる擬音語的な表現を一次的オトマトペと呼び，運動やそのほかの特性の連想による，いわゆる擬態語的な表現を二次的オノマトペと呼んでいる．つまり，日本語同様，擬音語と擬態語の区別や，その派生関係を指摘している．

　たとえば，サドウスキー（Piotr Sadowski）は，語頭子音 gl-は光を典型的意味とし，軽い運動まで派生するような多義性があるとしている．たとえば glamour, glare, glass, glaze, gleam, glimpse, glint, glisten, glitter, globe, glossy, glow といった表現を挙げている．このような光が表される表現における/gl/は，日本語の「ぎらぎら」/gila-gila/との共通性があるとされる．音と意味の関係性，「音象徴性」は世界の言語に普遍的に見られる現象であり，どの音が何を表すか，普遍性があるようである．

2.1.2　日本語に見られる音象徴性

　日本語は特別オノマトペが豊富な言語と思われているかもしれないが，実はオノマトペは世界中にあり，日本語よりももっとオノマ

トペが多い言語がある．窪薗晴夫（編）『オノマトペの謎』の4章で，秋田喜美氏が世界の言語のオノマトペ数をまとめている．南インドのタミル語や西アフリカのヨルバ語，イグボ語などオノマトペが無制限にあるような言語はアフリカに多い．また，朝鮮・韓国語も5000語以上あり，英語も数百語あるとされる．日本語はというと，2000語以上あるという．ただし，小野正弘（編）『日本語オノマトペ辞典』には4500語収録されている．1章で述べたように，オノマトペは新しく作られていくため，正確に数えるのは難しいが，日本語がオノマトペが豊富な言語であることは間違いない．

しかし，オノマトペは定義があいまいで，研究対象を特定しにくいといったことで，言語学の主要な研究対象になりにくかった．「さらさら」のように音韻の繰り返しがあるものがオノマトペなのかというと，繰り返せばよいというわけでもなく，「さらー」のように繰り返しのないものもオノマトペだったり，どこからどこまでがオノマトペなのかもわからない．しかし，小林（1965）や金田一（1978）など著名な国語学者は，オノマトペに高い関心を寄せていた．先ほど挙げた小野正弘氏によるもののほかにも，浅野（1978），Kakehi et al.（1996），飛田・浅田（2002），山口（2003）などオノマトペに特化した辞書は20冊以上も編纂されている．

研究対象として，日本語のオノマトペが一躍注目を浴びるようになったきっかけの一つとして，Hamano（1998）がある．日本語のオノマトペは，特定の音や音の組み合わせが語中の箇所によって特有の音象徴的意味をもっており，日本語オノマトペでは音象徴が体系的であるとしている．**表 2.1** は，Hamano（1998）を参考に，オノマトペの構成音とその意味の関係を辞書的にまとめたものである．なお，「モーラ」とは日本語でいう「拍」にあたり，たとえば「がちゃ」というオノマトペでは「が」が第1モーラ，「ちゃ」が第

表 2.1　日本語のオノマトペの音象徴性の例

1モーラの語基をもつオノマトペ

母音

/i/	線，一直線に延びたもの，光（光線）
/a/	平らさ，広がり，大きい表面，派手さ
/o/	丸いもの，小さなできごと，小さい部分
/u/	小さい丸い穴，突き出し
/e/	下品さ，不適切な動作

子音

/p/	ぴんと張ったもの，水しぶき，表面，突然性，力強さ	
/b/		
/t/	表面の張りがない状態，打撃	
/d/		
/h/	やわらかさ，不確定，たよりなさ，弱さ，繊細な優雅さ	無声音（清音）：軽くて，小さいイメージ
/n/	粘り気，不快，いやらしさ，動きののろさ，金属のようなかたい表面との接触	有声音（濁音）：重くて，大きいイメージ
/k/		
/g/		
/s/	水しぶき，なめらかさ，摩擦，爽快さ	
/z/		

2モーラに該当する．

このような音韻とイメージの結びつきは，2.1.1項で述べた英語などの音韻に結びつくイメージと共通性も見られ，2.2節で紹介する心理学での実験で示される音象徴性の普遍的傾向と一貫性が見られる．

日本語のオノマトペ表現には特徴的な音韻形態が存在する（田守，1993; 田守・Schourup, 1999）．その形態は一見多様に見えるが，基本形としては1モーラのものないし2モーラのものにまとめることができる．たとえば，1モーラを基本形にもつものとしては，「さっ，ふっ，はっ，ほっ，ぺっ，ぱっ，きゅっ，ばん，ぽん，

ちょん，かん，こん，わん，にゃん，がー，ぐー，かー，きゃー，ぎゅー，さー，ざー，きゃっきゃっ，しゅっしゅっ，ばんばん，かんかん，ぱんぱん，がーがー，ぎゃーぎゃー，かーかー」などが挙げられている．また，2モーラを基本形にもつものとしては，「がば，ぐい，ぴた，ぷい，ばたっ，ばさっ，ぽとっ，ぐさっ，ころっ，ばたり，ぽとり，ぐさり，ころり，ばたん，ぽとん，どきん，ごろん，こつん，ばたばた，ころころ，きらきら，がさごそ，がたごと，どたばた，ばたんばたん，どきんどきん」などが挙げられる．

さらに，日本語オノマトペは1モーラまたは2モーラの基本形をもつとしながらも，単に1モーラや2モーラのみで構成されるオノマトペは現代日本語ではまれであり，そこに「り」(語末の「り」)・促音(小さい「つ」)・撥音(「ん」)・母音の長音化・反復のいずれかが加わることが一般的であるとされる．これらは「オノマトペ標識(onomatopoeic marker)」と呼ばれ，それぞれがオノマトペに以下のような特有の意味を与えている．

(1) 語末の「り」　　ゆったりした動き，動作の完了
(2) 促音（語末）　　瞬時性，スピード感，急に終わる様子
　　促音（語中）　　強調
(3) 撥音（語末）　　共鳴（擬音的なニュアンス）
　　撥音（語中）　　（強調）
(4) 母音の長音化　　長い音，強調
(5) 反復　　　　　　音や動作の継続・繰り返し

このようにして，日本語のオノマトペは，音や形態を組み合わせることで，豊かなイメージを表現できるのである．

2.1.3 音象徴性について音声学的に考える

2.1.1 項で見たような日本語以外の言語で見られる音象徴性でも，2.1.2 項で見たような日本語の音象徴性でも，/a/は大きいイメージと結びつくのに対し，/i/は小さいイメージと結びつき，無声子音よりも濁音である有声子音の方が大きいイメージと結びつく傾向がある．このような傾向がなぜ生まれるのかについて，言語学では，「調音音声学」的観点と，「音響音声学」的観点から検討されている．このあたりについては，篠原和子・宇野良子（編）『オノマトペ研究の射程』の第 2 章で篠原和子・川原繁人氏らが実験結果などを示しながら解説しているが，本書では，簡単に紹介しておく．

まず，「調音音声学」的観点での説明では，発音する時の調音的な特性により，特有のイメージと結びつくと考える．たとえば，/a/は，発音する時に，舌が口腔の後ろの方に下がる後舌母音と呼ばれる音であるが，この時，/i/のように，発音する時に舌が前の方に来る前舌母音の時よりも，副口腔空間が大きくなる．/i//e/のような前舌母音と，/a//u//o/のような後舌母音の違いについては，**図 2.1** の図を比較してほしい．

また，濁音のような有声音が大きいイメージと結びつくことについては，有声音を発音する際に，口腔を拡張するから（Ohala, 1983）であるといった説明がされる．各部位の説明は**図 2.2** の通りであるが，発音する時に，肺からの呼気は，声門を通る際に声帯を振動させ，口腔内に達する．有声音を発音するには，呼気を肺から口腔へ送らないといけないが，この空気の流れを作り出すには，声門下気圧の方が，口腔内気圧よりも高い必要がある．しかし，一度声門を通って口腔に達した呼気は，有声音の調音動作によって流れが阻害されているため，口腔内で蓄積し，口腔内気圧を高くする．しかし，口腔内気圧よりも声門下気圧が高くなくては呼気は口腔方

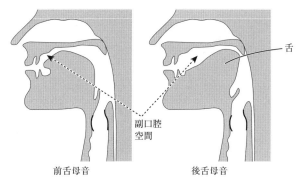

図 2.1　母音の後舌性と副口腔空間の大きさ
『オノマトペ研究の射程』50 ページの図より.

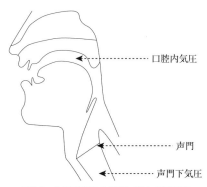

図 2.2　有声阻害音の調音に関わる副口腔
『オノマトペ研究の射程』52 ページの図より.

向に送られないため，口腔内気圧を小さくするために口腔を拡張し，有声音が発音される．このような調音の際の口腔拡張が，有声音が「大きい」イメージと結びつく理由なのではないかという説明である．

　一方，「音響音声学」的観点での説明では，「周波数信号仮説

(frequency code hypothesis)」(Ohala, 1983) に基づく説明がされている．この仮説は，音の周波数は共鳴空間の大きさに反比例するため，より低い周波数の音はより大きな共鳴空間というものである．篠原・川原氏らのまとめによると，「大きさ」の評価は，第2フォルマント (F2)[1] の周波数と負の比例関係にあるとのことである．母音の大きさの評価は /i/＜/e/＜/a/＜/u/＜/o/ の順に大きくなるのに対し，F2 の値はこの逆で，/i/＞/e/＞/a/＞/u/＞/o/ であり，前舌母音よりも後舌母音の方が「大きい」イメージと結びつきやすいという現象が説明できるとされる．有声子音が「大きい」というイメージと結びつきやすいという現象についても，より低い周波数の音の方がより大きい共鳴空間であることから説明できるとされている．しかし，聴覚障害の子供も音象徴性に感受性があり，調音動作に敏感であるという報告があることから，音響音声学的には説明できないという異論もある．

2.2 心理学におけるオノマトペ

音象徴が言語と意味の関係性の問題を越えた，言語音が聴覚以外のほかの感覚と結びつく現象の問題として注目されるようになるきっかけがあった．2.1.1 項で紹介したアメリカの言語学者サピアによる無意味な造語である "mal" と "mil" を大きさの異なるテーブルの名前として選択させた実験である．サピアのこの実験は，2.1.1 項で紹介したイェスペルセンによる /i/ は小さいもので，/a/ は大きいものを表すという指摘に触発されたものである．

---

[1] フォルマントとは，言葉を発している人の音声のスペクトルを観察すると現れる時間的に移動する複数のピークのことである．周波数の低い順に，第1フォルマント，第2フォルマントと呼ばれ，それぞれ F1, F2 とも表記する．

サピアは言語学者であるが，この研究成果が実験心理学の著名な雑誌に掲載されたことから，心理学者に広く知られるようになった．そして，ゲシュタルト心理学の創設者のひとりであるケーラー（Wolfgang Köhler）が，図 2.3 の 2 つの図形を被験者に見せて，"takete"（タケテ）と "maluma"（マルマ）という 2 つの無意味な造語のうち，どちらがどちらの図形に合っているかを回答させる実験を行った．その結果，90% 以上の被験者が角ばった図形を takete とし，丸い方の図形を maluma としたとされる（Köhler, 1929）．

同様の実験が，その後心理学分野で繰り返された．音象徴を音声（聴覚刺激）と形（視覚刺激）の間の共感覚的な現象の一種とみなしたラマチャンドランら（Ramachandran and Hubbard, 2001）による "bouba"（ブーバ）と "kiki"（キキ）を選択させる実験が注目され，ブーバ・キキ効果（bouba/kiki effect）と呼ばれるようになった．図 2.4 の左の図形が bouba で右の図形が kiki とされる．

このような音声（聴覚刺激）と形（視覚刺激）の間の共感覚的な結びつきが言語を越えて普遍的に見られることから，このような能力を人間は生まれながらにもっているのではないか，といった関心がもたれるようになった．そこで，乳幼児の発達においてオノマトペが果たす役割についての研究が心理学では古くから盛んである．

池田ら（2013）は 4 歳児にオノマトペと視覚・触覚のマッチング

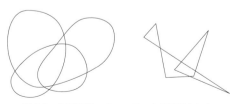

図 2.3　左の図が maluma で，右の図が takete

図 2.4 左の図形が bouba で右の図形が kiki

課題を与え,オノマトペの示す視覚表現および触覚表現をどの程度理解しているかを調査している.その結果,4 歳児でも 50% 以上正答し,多くの 4 歳児が視覚・触覚の両課題ともに正答したとしている.この結果から,視触覚両方のイメージを喚起するようなオノマトペでも,4 歳児は大人と同じようにオノマトペを理解していることがわかる.

昨今では,心理学分野での音象徴性に関する実験的研究では,オノマトペを構成する音韻の音象徴性に関する言語獲得以前の生得的な性質が示されている.たとえば,Imai *et al.*(2008)は,2 歳と 3 歳の子供が新奇オノマトペと動作の関係性を結びつけられるかを調べている.その結果,82% の正答率で「のすのす」といった新奇オノマトペと特定の歩き方を結びつけられると報告している.特に,このような傾向は日本語を知らない英語のネイティブスピーカーからも報告されている.近年の研究では,生後 4 か月の乳児においてもブーバ・キキ現象が確認され,音象徴語が生後 14 ヶ月の乳児の言語学習を促進する効果があることも報告されている (Ozturk *et al.*, 2013; Imai *et al.*, 2015).

しかし,言語獲得以前に,生得的に私たちが音象徴によってオノマトペを理解できるのであれば,外国人も日本語のオノマトペがわかるはずであるが,実際には,外国人にとってオノマトペを習得するのは難しい (Ivanova, 2006).そこで筆者は,オノマトペには言

語を越えて普遍的に人間がもちうる音象徴的イメージと，オノマトペがどのように用いられるかに関する学習によって獲得される知識が融合していると考えている．

2.3 脳科学におけるオノマトペ

　心理学におけるオノマトペ研究を加速したものとして，ラマチャンドランらによるブーバ・キキ効果を示した実験があったことはすでに紹介した通りである．彼らはこの研究の中で，音象徴のメカニズムを共感覚的な現象として議論している．共感覚とは，ある音を聴いた時にある特定の色を知覚する（色聴）といったように，ある感覚に対する刺激が別の感覚の知覚を引き起こすことをいう．共感覚は，音に色を感じる色聴や文字に色を感じる色字共感覚など，シートウィック（Cytowic, 1989）で知られる「ある感覚に関する刺激が別の感覚も喚起する」という「共感覚者」のみがもつ特殊な感覚であるとされる．しかし，ラマチャンドランらは，共感覚者と一般人との脳内システムは同じである可能性を主張している．そして，共感覚と同じシステムによって，音象徴も起こっているのではないかとしている．

　神経科学的な研究として有名なものとしては，苧阪らの一連の研究がある（Osaka et al., 2003; Osaka, 2009）．笑い方や歩き方を表す日本語のオノマトペが，それぞれ笑いと視覚情報をつかさどる脳の領域を活性化させたという報告がある．最近では，カネロら（Kanero et al., 2014）が，fMRI[2]により脳活動を測定することで，

---

[2] fMRIは，機能的核磁気共鳴画像法（functional magnetic resonance imaging; fMRI）で，MRIを高速に撮像し，神経細胞の活動に伴う血流動態反応を視覚化することにより，運動・知覚・認知・情動などに関連した脳活動を画像化する手法である．

オノマトペが理解される時の脳内活動を検証している．オノマトペがもつ音象徴のメカニズムを脳機能イメージングにより示した世界で最初の研究成果として，玉川大学脳科学研究所の公式HP[3]で紹介されていた実験内容は以下の通りである．

　実験では，人またはキャラクターが歩いている動画と「よたよた」「ぎざぎざ」「あるく」「すばやく」などの語を被験者に提示し，その動画と単語がどれぐらい一致しているか判定を行っている．実験1では「動き」と動きを指し示す語（音象徴をもつオノマトペと音象徴をもたない動詞，副詞）を提示し，オノマトペの処理に特異的に関わる脳領域を同定している．動きを表すオノマトペ以外でも，実験1で発見されたオノマトペ特有の脳活動が見られるかどうか確かめるため，実験2では「動き」のほかに「形」のオノマトペ（たとえば「ギザギザ」）も含め，動き，形，触覚，感情など複数の概念領域においてオノマトペの処理に共通して活動する脳領域を特定している．その結果，(1) 音象徴は，側頭葉後部と頭頂葉が連合する上側頭溝後部（pSTS）と呼ばれる部位の右半球側が特異的に処理に関与していること，(2) そこにおいて音象徴をもつ言葉は，言語の音として処理されると同時に，環境音としても処理されることが示唆されている．音象徴性をもたない動詞や副詞を提示された場合には，右pSTSの活動は見られず，言語の音の処理を担う左pSTSのみの活動が見られたとしている．つまり，オノマトペは脳内で言語記号であるとともに，環境音のなぞりとしての両側面をもっていることが示されている．

---

[3] www.tamagawa.jp/research/brain/

2.4 マーケティング分野におけるオノマトペ

　ここまで紹介してきた言語学や心理学でのオノマトペ研究については，オノマトペを扱ったさまざまな書籍で紹介されることが多い．しかし，実はオノマトペに見られる音象徴性は，マーケティング分野でも早くから注目され，研究が盛んに行われている．たとえば，効果的なブランド名（商品名や企業名）を作るうえで，オノマトペ的な発想は重要である．オノマトペが活用されたブランド名（商品名と企業名）の例を見てみよう．

　ガリガリ君（赤城乳業）
　ほっかほっか亭
　ゴキブリホイホイ（アース薬品）
　おふろピカピカクリーナー（サンコー）
　冷えピタシート（ライオン）
　グーン（エリエール）
　プッチンプリン（グリコ）
　ザクザククッキー（ロッテ）
　ギザギザポテト（カルビー）
　ぐびなま（アサヒ）
　クー（コカコーラ）
　モミモミリアルプロ（ナショナル）
　ぎゅぎゅっとクッション（ナショナル）
　キュキュット（花王）
　サラサーティ（小林製薬）

　これらをオノマトペ的ではない普通の商品名にしてみると，たとえば「硬いアイス」，「温かい弁当屋」，「ゴキブリが入る」，「おふろ

がきれいになるクリーナー」,「冷えるシート」,「伸びるおむつ」とでもなるのだろうが,印象はいかがだろうか.やはり,オノマトペ的なブランド名の方が,感覚に直接的に働きかけ,イメージが湧きやすく,わかりやすいのではないだろうか.意外に思われるかもしれないが,オノマトペ的な発想,音象徴性を活用したブランド名研究は欧米で盛んである.ブランド名は,ブランド・コミュニケーションにおいて中核となるブランド要素であり,識別性と意味性に富むブランド名は,ブランド認知度の向上や好ましいブランドイメージの形成を促すと,マーケティング分野の著名な研究者であるアーカー(Aaker, 1991)やケラー(Keller, 1998)が指摘している.

　マーケティング分野での研究全般において,ブランド名研究が占める割合はそれほど多くないものの,望ましいブランド名の要件,ブランドの再生・再認に対するブランド名の効果,ブランドの品質・評価の手がかりとしてのブランド名など,ブランド名についての分析がさかんに行われている.このような,ブランド名そのものについての研究のほかに,ブランド名の発音に着目した研究もある.Peterson and Ross(1972)は,シリアルと洗剤に関する意味を成さない造語ブランド名を作成し,それらのブランド名がどれぐらい2つの製品カテゴリを連想させるか測定している.その結果,たとえば"whumies"はシリアルを,"dehax"は洗剤といったように,一部のブランド名は比較的強く一つの製品カテゴリを連想させることを示している.また,Schloss(1981)は,1975年から1979年の間における *Marketing and Media Decision* 誌への掲載回数上位200ブランドがどの文字から始まるかを調べている.その結果,上位200ブランドのうち,「C」,「P」,「K」で始まるものが全体の27%,「B」,「C」,「K」,「M」,「P」,「S」,「T」で始まるものが65%を占めていることを示し,消費者に支持されるブランドの

ブランド名には共通の発音的特徴があるとしている．語頭の破裂音は消費者に好ましさ，および記憶に対する何らかのインパクトを与える可能性がある．

しかし，マーケティング分野での研究では，分析対象とする音韻のペアが限定的で，大半の研究がブランド名に含まれる母音のみを分析しており，子音や母音と子音の組み合わせが製品属性の連想に与える影響はほとんど分析していない．たとえば，引用されることの多い Yorkston and Menon（2004）の研究は，frish と frosh という架空のアイスクリームの名前を被験者に提示した調査で，/o/ を使っている frosh の方がなめらかでクリーミーで濃厚な感じがすることを報告している．

本書では，単語の一部の音だけを変えたペアでの比較実験に基づく研究ではなく，どのような音の組み合わせからからどのような印象を人が抱くかを予測するシステムについても 3 章以降で詳しく紹介していく．

2.5 工学におけるオノマトペ

言語学や心理学では 1920 年代から盛んであったオノマトペ研究であるが，2010 年代に入ってから，人工知能学会全国大会でオノマトペに関するセッションが組まれるなど，工学におけるオノマトペ研究が注目されるようになった．直感的な言葉でコンピュータに指示を与えて，何らかのタスクを実行させる，といったことへの社会的需要があり，それを解決する工学的手法として，オノマトペが注目されたのである．たとえば，小松・秋山（2009）では，「もうちょっと「がちがち」歩いてほしい」といったイメージをロボットのモーションに反映させようとするために，オノマトペの音象徴に基づく 8 次元属性ベクトルを設定し，その要素を組み合わせてロボ

ットのモーション制御属性と結びつけることを提案している．また，神原・塚田（2010）では，「ぎざぎざ」など特定のオノマトペ表現とそれによって描くことのできる線の関係性をあらかじめ特定しておくことで，オノマトペを入力することで直感に合った線を描くことができる「オノマトペン」を開発している．

　このような工学的オノマトペ研究であれば，先ほどのマーケティング分野での研究手法と比べて，より多くのオノマトペを扱うことができるが，やはり何らかの特定の指示をオノマトペでシステムに与えるなど，特定の目的を工学的に達成しようとするものがほとんどである．しかし，オノマトペは，「ふわふわ」のように慣習的に知識として獲得される側面だけでなく，「ふわふわ」では表せない感覚を表したいという欲求から「もふもふ」という言葉まで生み出す，人の創造的な知能，人の情動と関わる面白さがある．4章で紹介するように，人が五感を通して感じた微細な印象の違い，快・不快といった感性が表されるという特長がある．たとえば，乾いているという触覚を通して知覚される情報を表しうるオノマトペは「さらさら」「かさかさ」「がさがさ」など多数あるが，気持ちいいという感情と結びつく傾向があるのは「さらさら」であり，あまり良くない乾いた感が表される傾向があるのは「かさかさ」，それがより強いのは「がさがさ」など，類似するオノマトペ表現同士には細かい差異がある．本書では，五感，感性，感情まで，オノマトペで表される豊かな情報を数値化する手法として筆者らが提案したシステムを紹介し，オノマトペで人が感じたこと，感情まで推定し，人の感情に働きかけられる人工知能開発にまで貢献できる可能性まで感じていただきたい．

オノマトペの強み

2章で,オノマトペがいかに幅広い分野で研究されてきたかについて紹介した.そもそも,なぜそんなにオノマトペはモテるのだろうか.本章では,オノマトペの科学的,工学的強みについて考えてみたい.

3.1 負担のない感性の定量化方法

人の感性を定量的に評価しようとする時は,SD法(semantic differential method)が最も多く用いられてきた.SD法は,アメリカの心理学者オズグッド(C. E. Osgood)らが1957年に考案した,概念や対象のもつ感情・情緒的反応を定量的に評価するための手法である(Osgood *et al*., 1957).意味微分法とも呼ばれる.「かたい—やわらかい」など対立する形容詞対で構成された多数の評価項目を用いて,対象の印象を5段階ないし7段階の尺度上に評定する.

たとえば,「月」という概念について,「美しい—醜い」,「嬉しい

—悲しい」,「暖かい—冷たい」といった形容詞対で被験者に評価を求めた場合,非常に美しく,やや悲しく,少し冷たい,という評価になったりする.概念や感覚,感性のような抽象的なものを数値化することで,概念間の類似度などを距離的な近さや遠さとして可視化することもできる.定量化したデータは,因子分析や主成分分析,多次元尺度構成法などの多変量解析と呼ばれる統計処理をすることで,調べたい対象を構成している重要な特徴を抽出することもできる.

このように書くと難しい技術のように感じるかもしれないが,誰しも一度は「アンケート」という形で経験したことがある方法である.街中やインターネットなどで,「アンケートに答えてください」と言われた場合,SD法での回答を求められる.商品の使用感など,顧客の主観評価を取得するために,産業界でも広く使われている方法である.筆者も化粧品のモニターをしたことがあるが,クリームといった特定のスキンケア商品について,使用感に関連する形容詞対の項目が何ページにもわたって並んでいるアンケートへの回答に苦労した経験がある.このように,化粧品を対象とした研究でもSD法が用いられている.たとえば,妹尾ら(2000)は,スキンケア製剤がもたらす効果の主たるものの一つに,「使って気持ちいい」という使用感から生じる感情変化があると述べている.そして,スキンケア製剤の評価で従来から用いられている「のび」,「なじみ」,「べたつき」などの形容詞尺度に加えて,「好き—嫌い」を加えて,「洗顔料」,「化粧水」,「乳液」の使用感から生じる感情の評価を被験者に求めている.

化粧品のような触覚に関する評価だけでなく,お酒などの飲料や食品の味の評価などでもSD法が広く用いられている.4章でもSD法を使った先行研究を紹介するが,SD法は人の感覚,感性の定量

化手法として,国内外のさまざまな分野で広く用いられてきた.

しかし,この測定法については従来からいくつかの問題が指摘されてきた.

まず,実験者側,調査者側にとって問題なのは,限られた数の概念や形容詞対から,できるだけ多くの情報を得るために,どのような形容詞対をいくつ設定すればよいかがわからないということである.そこでオズグッドらは,人の基本的な心理測定に用いるのに適した形容詞対を取り出すための基礎研究を行い,「良い―悪い」,「好き―嫌い」などのような評価(evaluation),「積極的―消極的」,「重い―軽い」といった力量(potency),そして,「活発な―不活発な」,「興奮しやすい―冷静な」といった活動性(activity)の3つが特に重要であるとしている.多くの心理学研究では,多数の形容詞対を用いた評価を被験者に求め,その結果について因子分析,主成分分析といった統計的な分析で,少数の重要な尺度を抽出する,といった分析がとられてきた.学術的な研究では,専門的観点から,ある程度絞られた項目で被験者への評価を求めていることが多いが,産業界では,できるだけたくさん顧客の評価を知りたいという思いからか,非常にたくさんの項目を設定する傾向があるようである.なぜなら,形容詞対の項目で回答を求めた以上のことは,いくら分析してもわからないため,できるだけたくさんの項目による回答を取得しておきたいからである.

その結果,回答項目の多さが被験者側の負担を強いるという問題が生まれた.たとえば一つのクリームについて,「伸びの軽さ」,「なじみの早さ」,「なめらかさ」,「あぶらっぽさ」,「みずみずしさ」,「膜厚感」,「べたつき」など項目ごとに7段階などで回答を求められても,私たちは,日常触れるさまざまなものの質感をこのような評価項目ごとに分析的に感じているのではない.「最近いいお

化粧水見つけたの」「どんなお化粧水？」「みずみずしさが7で，なじみの早さが6で，あぶらっぽさは1で…」などということはまずないだろう．「さらさらしっとりして気持ちいいの」といった，一言のオノマトペで，短く直感的に表現することが多いのではないだろうか．

　本書では，このようなオノマトペを用いた新しい感性評価方法について詳しく紹介する．この方法は，被験者がたった一言のオノマトペを回答すれば済む，という強みがある．しかし，オノマトペを回答してもらうという方法は，これまであまり用いられてこなかった．理由としては，一言のオノマトペが得られても，多数の形容詞による回答と比べて，情報量が少ないと考えられてきたためである．5章以降で紹介するオノマトペで表される感性を数値化するシステムは，この課題を解決し，一言のオノマトペから，多次元の情報を取得することを可能にするものである．本章では，まず次節で，被験者にとっても，オノマトペを使った方が形容詞よりも微細な感覚の違いを表現しやすいことについて紹介する．

3.2 感覚を微細に表現できる

　筆者の研究室では，形容詞による共感覚比喩（たとえば「うるさい手触り」）から想起される語を被験者に自由に回答してもらうという実験結果と，オノマトペによる共感覚比喩（たとえば「じゃりじゃりした手触り」）から想起される語を自由に回答してもらうという実験結果を比較したことがある（小野ら，2011）．具体的には，各表現を被験者に見せ，その語から，どのようなことが思い浮かぶか考えてもらい，思い浮かんだ語を記入してもらった．具象物が想起された頻度を比較することにより，どちらがより具体的なものが想像されやすいかを考察してみた．その結果，オノマトペを

用いた場合の方が，10人以上が同じ想起語を回答している回答数の比率が，形容詞に比べ飛躍的に高いことがわかった．この結果は，オノマトペからは，人は共通のものをイメージしやすいことを示唆していると考えられた．さらに，具体的なものの想像のしやすさを比較するため，「具体的なもの＝一言では言い表せないもの」と定義し，被験者の全回答を，「語」と「句・節・文」に分類している．「雪」などの単語と「中華料理」などの複合語を合わせて「語」とし，「春の公園」や「落ち葉が風に飛ばされる」などのものを「句・節・文」として集計している．そのうえで，形容詞からの想起語における「句・節・文」での回答数の比率と，オノマトペからの想起語における「句・節・文」での回答数の比率の差を比較したところ，オノマトペの方が，「句・節・文」の比率が統計的に有意に高かった．たとえば，「粗い味」というとどんな味なのだろうか？と思ってしまうのに対し，「ざらざらした味」というと，「インスタントのコーンスープ（ただし粉末が解けきっていない）」と具体的なものを表現したりしていた．長い例としては，「べとべとした音色」に対し，「ハンバーグを作る際にミンチと玉ねぎなどを混ぜ合わせている際に出る音」という回答もあった．

このことは，オノマトペからの方が，一語では表現しきれない具体的なものが想像されやすいということを示していると思われる．

さらに形容詞とオノマトペを比べた実験としては，被験者に素材に触れてもらい，オノマトペと形容詞それぞれで手触りを回答してもらうものがある（坂本・渡邊, 2013）．

男女30人に，**図3.1**のように，穴のあいた箱に手を入れてもらい，視覚を遮断した状態で，利き手の人差し指の腹で素材の表面を「なぞる」と「押す」という2つの動作で触れてもらった．そして，その触り心地をオノマトペや形容詞で回答してもらった後，触り心

図3.1 実験の様子

地の「快—不快」を7段階で評価してもらった．

　40種類の素材の触り心地について，30人の被験者が表現したオノマトペと形容詞の種類を比較してみた．被験者が表現したオノマトペは，のべ1191語であり，279種類の表現が見られた．形容詞はのべ1101語であり，124種類の表現が見られた．得られたオノマトペの種類数と形容詞の種類数を比較するため，比率の差の検定を行ったところ，有意にオノマトペの種類の方が多い結果が得られた．

　各被験者が40種類の素材に対して想起したオノマトペの個数は，平均21.73個だったのに対し，形容詞は15.57個だった．この平均個数について統計的な検定を行ったところ，有意差が見られた．つまり，被験者個人が，素材ごとの手触りの違いを，形容詞よりもオノマトペを用いた方が多様に表現できることがわかった．

　次に，素材ごとに一番多かったオノマトペおよび形容詞を，その素材の手触りを表す代表的な表現として**表3.1**にまとめた．40素材の代表オノマトペは20種類，代表形容詞は12種類であった．代表オノマトペと代表形容詞の種類に差があるか調べたところ，有意差は見られなかったものの，オノマトペの方が種類が多く，オノマト

ペは形容詞よりも，素材の微細な違いを評価できる可能性が見られた．

　このように，オノマトペの方が形容詞よりも素材の微細な手触りの違いを表現しやすいことがわかったが，なぜなのだろうか．そもそも，オノマトペの方が形容詞よりも種類が多いからなのだろうか．NTTコミュニケーション科学研究所（監修）『日本語語彙大系』記載の形容詞・形容動詞の数を調べたところ，4368語，国立国語研究所（編）『分類語彙表』記載の形容詞・形容動詞の数を調べたところ7357語あったのに対し，『現代擬音語擬態語用法辞典』の見出し語オノマトペは1064語，『日本語オノマトペ辞典』の見出し語オノマトペは4060語しかなかった．そのため，オノマトペ自体の数が多いから，ということではなさそうである．しかし，2.1.2項で見たように，オノマトペを構成する一つひとつの音には抽象的な意味が結びつくという特徴があり，その音を組みかえて新しいオノマトペを作ることで，個人が感じた微細な感性を自由に表現できる．筆者は，このことがオノマトペの最大の強みであると考えている．

表3.1 40素材の代表オノマトペと形容詞

No.	オノマトペ	形容詞	No.	オノマトペ	形容詞
1	さらさら	やわらかい	25	ぬめぬめ	粘っこい
2	ざらざら	かたい		べとべと	
3	つぶつぶ	かたい	26	ふわふわ	やわらかい
4	つるつる	かたい	27	ふわふわ	やわらかい
5	ざらざら	かたい	28	ふわふわ	やわらかい
6	つるつる	かたい	29	さらさら	やわらかい
7	びょんびょん	弾力のある	30	さらさら	弾力のある
8	べたべた	粘つく	31	ざらざら	薄い
9	べたべた	粘つく			かたい
10	ぺたぺた	粘りがある			ざらついた
11	つるつる	弾力のある			滑らない
		なめらか	32	さらさら	なめらかな
12	ざらざら	凸凹な	33	さらさら	かたい
13	ごつごつ	かたい	34	ざらざら	かたい
14	さらさら	弾力のある	35	ざらざら	かたい
15	つるつる	なめらかな			丸い
16	さらさら	なめらかな	36	ころころ	かたい
17	ざらざら	やわらかい	37	つるつる	かたい
18	ざらざら	やわらかい	38	しとしと	冷たい
19	ざらざら	やわらかい		びちゃびちゃ	
20	ざらざら	かたい		ひんやり	
21	ほこほこ	凹凸のある		ぷにゅぷにゅ	
22	ざらざら	痛い		ふわふわ	
		やわらかい	39	ぷるぷる	冷たい
23	ちくちく	痛い	40	ぷるぷる	丸い
		凹凸のある			やわらかい
24	ふにふに	やわらかい			

オノマトペの音に感覚が結びつくことを示す科学実験

 オノマトペを構成する音に,何らかの抽象的な意味が結びつくという音象徴的現象は従来から報告されてきた.本章では,この現象を掘り下げ,音韻に,触覚や味覚や視覚を通して得られる感覚イメージや快・不快といった感性が結びつくこと示す実験について紹介する.私たちは,何かを触って感じたことを,「ふわふわで気持ちいい」といい,何かを食べて感じたことを,「さくさくして美味しい」といい,何かを見て感じたことを,「きらきらしてきれい」という.私たちが使うオノマトペの音には何が表されているのだろうか.

4.1 味覚の世界
4.1.1 食べたり飲んだりした時の感覚を伝えるオノマトペ
 味覚は哺乳類だけがもっている感覚である.ヒトが感じる味の要素として,甘味,酸味,塩味,苦味,辛味,渋味,刺激味,無味,脂身味,アルカリ味,金属味,電気味などさまざま挙げられてき

た．1901年に，ヘーニッヒ（David P. Hänig）は，4つの味に関する感覚領域が舌の上に地図上に配置されているとした（Hänig, 1901）．しかし，今日ではこの説は否定されている．1916年にドイツの心理学者ヘニング（Hans Henning）が，甘味，酸味，塩味，苦味という4つの基本味について定義した（Henning, 1916）が，日本で1908年に池田菊苗が，うま味物質グルタミン酸モノナトリウム塩を発見した．うま味は4基本味では説明できないため，日本ではこれを基本味に加える説を提唱していたが，欧米では長らく4基本味説が支持され続け，うま味が国際的に認められたのは最近のことである．現在では，味蕾に（の）受容体が存在するとされ，甘味・酸味・塩味・苦味・うま味の5つが5基本味とされている．さらに，味そのもの以外にも，辛味物質，アルコール，炭酸などの化学的刺激や，温度，舌触りなどの物理的刺激が基本味と一緒になって，味覚を形成するとされている．これらは，一種の口の中の触覚といえる．知覚心理学的には，味覚は単独では成立せず，視覚や嗅覚，聴覚など，食べるという行為において同時に起きる感覚の影響を受けるとされている．

　さて，オノマトペと味の関係であるが，味そのものはオノマトペでは表せないといわれてきた（山梨，1988）．確かに，甘さそのものを表すオノマトペは何かと考えてみても思いつかない．しかし，食べ歩きの番組で，実際には食べていない視聴者に，どのような食べ物なのかを伝えようとする時，「噛むとかりっとして，さくさくしてるんですが，中はとろ〜っとして，肉汁がじゅわーっと広がって美味しいです」と，オノマトペをたくさん使って表現していたりする．レストランのメニューに，「ふわとろオムレツ」と書かれていると，美味しそうに感じて，つい食べてみたくなったりする．しかし，これらのオノマトペは味そのものを表しているのではなく，

舌触りや噛み応えなど，一種口の中で感じる触覚のように思われる．2章で紹介したマーケティングで活用されるオノマトペにあったように，商品名や広告コピーにはオノマトペがたくさんある．味そのものは表せないのに，食べ物について，こんなにオノマトペが使われているのはなぜだろうか．本当に味覚はオノマトペ表せていないのだろうか．筆者はこのような疑問を感じながら，食べたり飲んだりした時に人が用いるオノマトペの分析を行ってきた．

　筆者がオノマトペを研究対象にしたのは，2004年の学部生の卒業研究のテーマとして，食べ物の広告表現などでオノマトペが使われることに着目して何かやってみよう，ということになったのがきっかけである．当時は方法論も確立していなかったが，味そのものを表すオノマトペはないといわれているのに，オノマトペが食べ物の広告で使われているのも不思議だったし，オノマトペがあると美味しそうに感じるのも，食べ歩きの番組でオノマトペがたくさん使われるのも興味深かった．そこで，オノマトペには食べた人が感じたことが表れるのか，調べてみることにした．

4.1.2　オノマトペに使われる音は美味しさの感じ方と関係がある

　同じものを食べたり飲んだりしても，人によって感じ方が違う．美味しいと思う人もいれば，美味しくないと思う人もいる．そのような感じ方の違いは，その食べ物や飲み物について表現するオノマトペに表れるのだろうか．たとえば，美味しいと感じる人が多く使用するオノマトペ表現の傾向がわかれば，効果的な広告表現がわかるかもしれない．2004年の秋に，そのようなことを調べるための実験を行った．

　用意した商品は，炭酸飲料，コーヒー，チョコレートの3つの商品カテゴリからそれぞれ3品目ずつ，計9品目であった．各カテゴ

リ内で，味の評価に違いがありそうな商品を選ぶようにした．たとえばコーヒーの場合，無糖ブラック，加糖ブラック，カフェオレを用意した．

38名の被験者に，全9種類の飲料や食品を試飲食してもらい，その味や印象について，自由にオノマトペで表現してもらった．さらに，美味しさの評価を5段階（5. とても美味しい　4. 美味しい　3. ふつう　2. 美味しくない　1. まずい）で評価してもらった．

被験者が回答したオノマトペを調べてみて最初にわかったことは，「さくさくして美味しい」「ぬるぬるして美味しくない」というように，「食感・舌触り」に関連するオノマトペの回答数が，炭酸飲料，コーヒー，チョコレートでそれぞれ，89.5%，78.9%，98.2%となり最も多かった．つまり，味を表現する際に使われるオノマトペは，「食感・舌触り」のオノマトペを使用する人が多いということである．「食感・舌触り」とは，口の中の触覚であるとすると，山梨（1988）など先行研究で指摘されてきたように，味覚そのものを表すオノマトペというよりも，触覚的なオノマトペが豊富に使われていることがわかった．

さらに，この実験結果の解析において，その後の研究室でのオノマトペ実験で頻繁に用いるようになった「オノマトペを音韻に分解して解析する」という方法を初めて用いた．

美味しいと感じた人と美味しくないと感じた人との間で使用比率に10%以上の差があった音韻をいくつか紹介する．

① 炭酸飲料：炭酸を美味しいと感じた人は，「しゅわしゅわして美味しい」，「じゅわーっときて美味しい」というように，/s/や/z/の音と/u/の音を組み合わせて表現していた．

/u/の音は，Hamano（1998）では「小さい穴，突き出し」

という意味があるとされるが，美味しいと回答した人の使用比率が50%であったのに対し，美味しくないと回答した人の使用比率33%であり，美味しいと回答した人の使用頻度が高かった．美味しいと回答した人は，炭酸の泡が小さくはじける様子を表現していたものと思われた．/s//z/は，「なめらかさ，爽快さ」という意味があるとされるが，/s//z/の使用比率は，美味しいと回答した人で48%，美味しくないと回答した人で13%であり，美味しいと回答した人の使用頻度が高かった．

　炭酸飲料を美味しくないと感じた人が使用する傾向があった/r/は，美味しいと回答した人の使用比率が13%であったのに対し，美味しくないと回答した人の使用比率は27%であり，美味しくないと回答した人の使用頻度が高かった．「どろっ」，「ぬるぬる」といったオノマトペが見られたことから，炭酸飲料の糖分の高さを不快に感じたのではないかと推察された．濁点の使用比率も，美味しいと回答した人の使用比率が7%なのに対し，美味しくないと回答した人の使用比率は30%で，美味しくないと回答した人ほど多く使用していた．「びりびり」「じんじん」など，濁点は舌へのより強い炭酸の刺激を感じ，濁点で表現したと考えられる．

② コーヒー：「ふわーっと美味しそうな香りが広がる」というように，/h/や/w/といった，「やわらかさ」が表される音が，美味しいと回答した人ではよく使われていた．濁点は，炭酸飲料の場合と同様，美味しいと回答した人の使用比率が22%なのに対し，美味しくないと回答した人の使用比率が45%で，美味しくないと回答した人ほど多く使用していた．

美味しくないと感じた人は,「じりじり」「どよん」というように,コーヒーの重たさを不快に感じ,それを濁点で表現していたのではないかと思われた.

③ チョコレート：美味しいと回答した人の/k/の使用比率が23%,美味しくないと回答した人の使用比率が4%で,美味しいと回答した人の使用頻度が高かった.「さくさく」,「ぱきっ」といったチョコレートの歯応えを表すオノマトペの使用が多かった.一方,「粘り気のある,不快な」というイメージと結びつくとされる/n/の使用比率は,美味しいと回答した人の使用比率が5%なのに対し,美味しくないと回答した人の使用比率は21%であり,美味しくないと回答した人の使用頻度が高かった.「ぬるぬる」,「ねちょねちょ」というように,チョコレートが溶けて口の中でまとわりつくような感じを不快と感じたのかもしれない.

このように,同じものを食べたり飲んだりしても,美味しいと感じた人と美味しくないと感じた人の間で,使われるオノマトペの音に違いが見られた.美味しい（評価5と4）,ふつう（評価3）,美味しくない（評価1と2）と回答した人それぞれから得られたオノマトペ全体の数は,**表 4.1** の通りで,美味しいと思った人ほど,味を伝える際にオノマトペ表現が出やすかったということも興味深かった.美味しさを伝える際にオノマトペで表現することは有効である可能性が示唆されていると考えられる.

4.1.3 味覚の評価方法

味の官能評価では,実験者が用意したいくつかの味覚サンプルを口に含んでもらい,実験者があらかじめ定めた質問形式に沿って

表 4.1 各商品カテゴリで，評価ごとに回答されたオノマトペの数

	炭酸飲料	コーヒー	チョコレート	合計
美味しい（個）	140	90	314	544
ふつう（個）	96	119	74	289
美味しくない（個）	115	77	23	215

被験者に回答してもらう手法が一般的である．しかし，官能評価の難点として，明確な統一基準が無く，評価が評価者の好みや価値基準，体調や環境の影響に左右されるといったことがある．官能評価の手法として用いられる手法として，3章で説明したSD法が一般的に用いられるが，3章で述べたように，どのような形容詞尺度を用いるかが難しいうえに，実験者側であらかじめ決めた尺度に被験者の評価が縛られ，被験者に尺度ごとでの分析的な評価が求められるといった難しさがある．

一方，人の主観による味の評価ではなく，味覚センサを用いた評価方法もさまざま提案されてきた．たとえば池崎（2012）は，人の舌を模倣した味覚センサを開発した．この味覚センサを用いて測定できるものは，5味と呼ばれる甘味，酸味，塩味，苦味，うま味の基本味に加え，後味や「コク」，「キレ」についてである．「コク」を余韻，特にうま味の持続性・複雑さと隠し味の苦味，商品価格の高さという形で評価をし，「キレ」を後味が急速に減衰する現象という形で評価するものである．都甲（2010）は，味覚センサを用いることによって，味を可視化できるとしている．たとえば，「プリンにしょうゆをかけるとウニの味になる」といった，複数の食品を組み合わせると別の食品の味になるといったことが昔からいわれているが，味覚センサを用いた場合，味のバランスを可視化することができて，その結果プリンにしょうゆをかけたものとウニの味は非

常に似た味をしていることがわかる．味覚センサは，確かに複雑な味や表現の難しい「コク」や「キレ」などの測定が行え，通常の化学分析に比べ，より人間が求めている評価をすることができる．しかし，機器で測定する客観的評価であり，私たちの味覚感覚による官能評価ではない．

　人の主観による味覚の官能評価は難しい．たとえば，気分の違いで味の感じ方に違いがあるとされる．肉体的疲労がある状態の場合，疲労がない時に比べて酸味を感じにくくなり，精神的疲労がある状態の場合，疲労がない時に比べ，甘味・苦味・酸味のすべてにおいて味を感じにくくなる．被験者の状態によって評価が変わりうることは，被験者実験が難しいことを意味する．脳波による評価方法もある．ある味覚刺激が与えられた時の脳波の変化から，味が人間の感情とどのような関係にあるのかがわかる．たとえば甘味は心地よさを与え，苦味は疲労感を与え，酸味は好奇心を与えるなど．味と気分状態は相互に関係がある．

　以上のように，味の評価にはさまざまあるが，2章で紹介したブーバ・キキ効果に着目し，オノマトペのような音象徴語と味の関係性に着目した多くの実験がオックスフォード大学のスペンス（Charles Spence）らを中心に行われている．たとえば，2章で紹介したマルマ／タケテ（maluma/takete）とブーバ／キキ（bouba/kiki）を，被験者が実際の食材と結びつけられるかを調べたり，"ruki"（ルキ）と "lula"（ルラ）という2つの無意味語の対を被験者に提示する実験で，ruki はしょっぱいイメージと結びつき，lula は甘いイメージと結びつくことを報告している．オノマトペで表せるのは口触りや歯ごたえなどの触覚的なものだけで，味そのものは表現できないと思われていた時に，このような音象徴語と味覚に何らかの関係があることを示す研究成果との出会いは，非

常に興味深かった．そこで，4.1.2項の実験をさらに掘り下げ，味を直観的に表す際にオノマトペを自発的に用いることができる日本人の特長を活かし，オノマトペを構成する音に着目した精緻な味の官能評価実験を行ってみたいと考えた．

4.1.4 美味しい飲み物と美味しくない飲み物で実験

4.1.2項の2004年に行った実験を通して，同じ食べ物や飲み物について，被験者ごとに味の評価が異なり，オノマトペの音にその違いが反映されることがわかっていた．さらにスペンスらによる味のブーバ・キキ効果を示す実験結果に触発された．そこで2009年から連携を開始したNTTコミュニケーション科学基礎研究所の渡邊淳司氏とともに，より精緻な実験を行った．美味しさや口触りや喉ごしといった触覚的特徴（テクスチャー）を制御しやすい飲料を選び，美味しい飲み物と美味しくない飲み物を人為的に作成し，被験者に試飲してもらい，オノマトペで回答してもらう実験である．

苦労したのは実験刺激の準備であった．市販飲料は美味しい飲み物であることを想定し，これに何らかの調味料を入れることで美味しくない飲み物を作ることにした．また，人は味そのものではなく，テクスチャーをオノマトペで表現する，ということも先行研究や4.1.2項の実験で示唆されていた．そこで，テクスチャーを変えることで，実際にテクスチャーの違いがオノマトペの音に反映されるのかについても，より詳しく調べることにした．市販飲料に，同じ量だけ水か炭酸水を混ぜることでテクスチャーを変化させた飲み物を作った．

市販飲料は食品衛生法に基づく飲料の分類の中から，異なるカテゴリに属するものを選んだ．コーラ・コーヒー・牛乳・緑茶・野菜ジュース・スポーツドリンクの6種類を用いることにした．これら

表 4.2 実験で用いた実験刺激飲料

コーラ	コーラ＋醬油	コーラ＋水
コーヒー	コーヒー＋醬油	コーヒー＋水
緑茶	緑茶＋醬油	緑茶＋水
牛乳	牛乳＋醬油	牛乳＋水
野菜ジュース	野菜ジュース＋醬油	野菜ジュース＋水
スポーツドリンク	スポーツドリンク＋醬油	スポーツドリンク＋水

が美味しい飲み物とすると，これらを美味しくない飲み物に変化させるために，酢・醬油・塩・レモン汁・タバスコをそれぞれ市販飲料に混ぜた．もとの飲料の味がわかり，かつ美味しくない味に変化させられるものを選ぶ予備実験を行った．その結果，醬油を入れると，もとの飲料が不快に変化することがわかった．分量は，市販飲料 50 mL に対して 5 mL の醬油を加えた．また，市販飲料と水または炭酸水を 1 対 1 の割合で混ぜ合わせた．実験刺激を**表 4.2** に挙げる．

　実験では，試飲した実験刺激飲料の味や食感を，オノマトペで回答してもらうだけでなく，「苦い」「しょっぱい」「酸っぱい」「まずい—美味しい」という味の一般的な評価尺度，「とろみがある」「はじける感じがする」「口触りが良い—悪い」「喉ごしが良い—悪い」「辛い」というテクスチャーの一般的な評価尺度を形容詞対にして，−3 から +3 の 7 段階 SD 尺度で評価してもらった．

　20 名の被験者に，目隠しをした状態でイスに座ってもらい，実験刺激飲料を一つずつ試飲してもらった．美味しくない飲み物でも負担がないように配慮し，実験刺激一つあたりの試飲量は，飲料の味・食感・喉ごしを評価できる程度の量として，大さじ 1 杯ほど試飲してもらった．そして，オノマトペを自由に回答してもらい，味・食感評価尺度の各項目について SD 法で回答してもらった．

4.1.5 味の微細な印象もオノマトペに表れる

　音韻と形容詞対による評価値の関係性について分析を行った．口触りがなめらか，喉ごしが良い，美味しいという3つの評価尺度では，結びつきのある音韻に類似性が見られた．これら3つの評価尺度では子音/s/・/sy/は良い評価と結びつき，子音/g/・/b/・/d/は良くない評価に結びつきやすい傾向が見られた．音韻全体を見てみると，清音は正の評価と結びつきやすく，濁音は逆に負の評価と結びつきやすいこともわかった．4.1.2項の実験結果と一貫性が見られ，再現性が高いことがわかった．

　はじけ感の評価尺度と音韻の，子音/sy/・/p/・/zy/，母音/u/で「はじけ感がある」と関連が見られ，これらも4.1.2項の炭酸飲料の実験結果と同様の結果だった．はじけ感がある飲料では「しゅわしゅわ」「ぱちぱち」「じゅわじゅわ」といった泡のはじける様子を表すオノマトペが頻繁に用いられ，心地よいはじけ感と音の関係はある程度予測できることがわかった．

　さらにとろみの評価尺度では，子音/n/・/d/・/m/，母音/e/・/o/は，「とろみがある」という評価と関連が見られ，子音/s/・/sy/，母音/i/は「とろみがない」との関連が見られた．とろみがあると感じられた飲料では，「どろどろ」「もったり」といった粘性を表現するオノマトペが多く用いられたことから，子音/d/・/m/と「とろみがある」に結びつきが見られた．一方，とろみのない飲料では「さらさら」「するする」といった液体の流れを表現するオノマトペが多く用いられたことから，子音/s/と「とろみがない」に結びつきが見られた．

　味に関する尺度（甘さ・苦さ・酸っぱさ・しょっぱさ）については，一言で説明できるような傾向が見られなかったが，各音韻が用

表 4.3 オノマトペの音韻と結びつくテクスチャーと味

音韻	関連する味とテクスチャー
/s/ /h/ /a/	とろみがない,はじけ感がない,なめかな,良いテクスチャー,美味しい
/t/ /u/	はじけ感がある
/sy/	甘い,はじけ感がある,なめらかな,良いテクスチャー,美味しい
/p/ /zy/	甘い,熱い(辛い),はじけ感がある,なめかな
/g/ /b/ 子音なし	しょっぱい,熱い(辛い),粗い,悪いテクスチャー,美味しくない
/z/ /i/	苦い,酸っぱい,しょっぱい,冷たい,とろみがない,悪いテクスチャー,美味しくない
/n/ /e/	苦い,酸っぱい,しょっぱい,熱い(辛い),とろみがある,はじけ感がない,粗い,悪いテクスチャー
/d/ /m/ /o/	酸っぱい,しょっぱい,とろみがある,はじけ感がない,粗い,悪いテクスチャー,美味しくない

いられた時の形容詞評価値のデータを用いてクラスター分析[1]という統計的な分類手法を適用してみたところ,テクスチャーと味が相互に関係しあいながら美味しさの感覚が形成されていることがわかった.音韻とテクスチャーや味の評価の関係性は**表 4.3**のようにまとめられる.

美味しくて,テクスチャー感もよいと感じると,/s/ /h/ /a/ /t/ /u/ /sy/ /p/ /zy/が使われる傾向があるが,とろみがなくて,はじけ感もなくなめらかであると感じた場合/s/ /h/ /a/,はじけ感が感じられると/t/ /u/を用いて表現することがわかる.甘くて,はじけ感もあり,なめらかさも感じた場合は/sy/が,刺激感が感じられた場合/p/ /zy/が用いられていることがわかる.一方,美味しくなく

---

[1] クラスター(cluster)とは,群れ,集団のことで,似たものがたくさん集まったものである.クラスター分析は,異なる性質のものが混ざったデータから互いによく似た性質のものを集め,内的結合と外的分離が達成される部分集合を作る方法.

て，テクスチャー感もよくないと感じると，/g/ /b/ /z/ /i/ /n/ /e/ /d/ /m/ /o/あるいは第一音節の語頭に子音は使われない傾向があった．特に，しょっぱくて辛くて粗い感じがすると/g/ /b/，苦み，酸っぱさ，しょっぱさが感じられると/z/ /i/，苦みと酸っぱさとしょっぱさ，とろみも感じると/n/ /e/，酸っぱい，しょっぱい，とろみがある，はじけ感がなくて，粗いと感じると/d/ /m/ /o/を使って表現している，という結果は興味深い．これまでの研究では，何かを食べたり飲んだりした時に使われるオノマトペは，味ではなく，テクスチャーを表しているだけであるとされていたが，筆者らの実験結果は，味とテクスチャーの組み合わせがオノマトペの音に反映されることを示したからである（Sakamoto and Watanabe, 2016）．

4.2 触覚の世界
4.2.1 手触りは感性に直結する

　触覚は，環境にある物体の性質を把握する感覚受容器であるだけでなく，感情をつかさどる脳部位へつながる神経線維に物理的に作用し，快・不快といった感性に直接的に影響を及ぼしている．味覚の実験でも共同研究している渡邊淳司氏の著書『情報を生み出す触覚の知性』によれば，誰かに触れられたり，触れることで，対象の性質を「知る」ことができるし，触れられた側と触れた側の両方に，強い感情を生み出す．「すべすべして気持ちいい」とか「べたべたして気持ち悪い」というように，視覚や味覚と比べても，とりわけ触覚はオノマトペで表されることが多い．世界的に見ても，アフリカの言語やインドネシアの言語などでも，手触りを表すオノマトペが非常に多いことと，触覚が感性に直結した感覚とされることは関係が深いと考えられる．

触覚は，人のような高度に発達した生物以外にも備わっている原初的な感覚ともいわれるが，視覚は目，聴覚は耳，味覚は口，嗅覚は鼻にある程度集中した感覚器官であるのに，触覚は全身に分布している．もし，会議室の熱気や，外気に触れて全身で感じるひんやり感，「空気を読めるような」感覚を工学的に実現しようとすることは非常に難しいとされている．視覚や聴覚の情報は，非接触で取得できるが，触覚は接触が不可欠なため，伸び縮みや摩擦に対する耐久性も必要になることも，工学的な実現における難しさである．

人の触覚に関するメカニズムの解明のための実験においても，視覚や聴覚は，実験刺激を受動的に与えることができるため，実験条件の制御もしやすいが，触覚は，手や指でなぞるといった探索的な動作が必要なため，「触り方」次第で結果が変わってしまう．そもそも人間は，接触面での肉の変形によって物がもつ触覚的情報をセンシングしているとされ，視覚や聴覚と比べ，皮膚の状態によって年齢や性別などの個人差や，同じ人でもその日の体調や湿度などの環境の影響を受けやすい感覚である．このような触覚の世界へのオノマトペによるアプローチについて紹介する．

4.2.2　手触りの快・不快がオノマトペに表れる

人はどのような基準で物体の触覚的性質を知覚し，カテゴリ化しているのかを特定しようとする研究が行われてきた．その多くは，物理刺激を，人がどのような基準で分類するのかを解明しようとするものや，その分類に影響を与える素材の物理特性を特定しようとするものだった．さらに，素材の分類結果をSD法による形容詞対の組み合わせによって説明しようとされてきた．しかし，何かに触れた時の感覚を，多数の形容詞対ごとに，「なめらかさは3，硬さは1，温かさは…」というように，分析的に回答することは被験者

への負荷が大きい．そこで，筆者は，触覚の心理物理実験に精通する渡邊淳司氏とともに，材質の質感と感性的印象の両方を含む言葉であるオノマトペを被験者に一言回答してもらうだけで，人が触り心地をどのように分類しているかを分析できる手法を検討してきた．

2010 年，30 名の被験者にさまざまな素材に触れてもらって，手触りをオノマトペで回答してもらう実験を行った（渡邊ら，2011）．2004 年に行った味をオノマトペで表現してもらう実験（4.1.2 項参照）で，味の快・不快がオノマトペに表れることはわかっていた．そこで，オノマトペを回答してもらうとともに，手触りの快・不快の評価をしてもらうことで，手触りの快・不快がオノマトペに表れるかどうか調べることにした．

手触りの快・不快に着目した実験を行うために，快適な手触りの素材と不快な手触りの素材をできるだけ半分ずつ集める必要があった．また，直接手でなぞってもらう必要があるため，実験素材は，指先との接触で磨耗しないものである必要もあった．そもそも一定の品質で，数をそろえるためには，販売されているものを購入することになるが，世の中に売られているものは，不快なものは少ないため，倫理的に問題ない程度の不快な素材で，触れても危険のないものを集めるのに苦労した．集めた素材は，布，紙，金属，樹脂など，**表 4.4** に記載する 50 素材を選定した．集めた 50 素材に対する快と不快の回答がおよそ半数になることを予備実験によって確かめた．それぞれの素材は，7 cm × 7 cm の試片に切断して使用した．被験者が触素材に触れる際は，**図 4.1** のように，素材が見えないように 8 cm × 10 cm の穴のあいた箱の前に座り，それに手を入れて素材に触れてもらった．素材の触り方は，素材を掴んだり強く押したりせずに，素材の表面を軽くなぞってもらった．

表 4.4 実験で使用した 50 素材一覧

No.	素材	No.	素材
1	発泡スチロール	26	皮1
2	硬質発泡スチロール板	27	皮2
3	網状ステンレス1	28	コットン生地
4	網状ステンレス2	29	ジーンズ生地
5	アルミ板	30	両面テープ1
6	ガラスタイル	31	両面テープ2
7	サンディングペーパ80	32	シープボア
8	サンディングペーパ240	33	ムートン
9	サンディングペーパ600	34	ロワール
10	ウレタンフォーム	35	へちまテクスチャー
11	ソフトボード	36	人口芝生
12	アクリル板	37	水蛇の皮
13	プレーンゴム	38	タワシ
14	飴ゴム	39	ジェル
15	シリコンゴム	40	アルミホイル
16	衝撃吸収スポンジ	41	ラップ
17	滑り止めゴム	42	黒板
18	石1	43	石2
19	上質紙	44	石3
20	光沢紙	45	土
21	和紙	46	皿
22	ダンボール	47	丸太（表面）
23	ダンボール（側面）	48	チョーク
24	バルサ材	49	マジックテープ表
25	スウェード裏	50	マジックテープ裏

図 4.1　実験の様子

　実験は 50 素材の触感をオノマトペで表すセッションと，50 素材に快・不快の感性評価をするセッションの 2 つのセッションに分け，オノマトペで表すセッション終了後に快・不快の評価をするセッションを行った．これは，はじめのセッションで 50 素材の触感すべてを体験した後に，快・不快の判断を行うことで，個人内での快・不快の評価範囲が適切に設定されると考えたためである．各セッションでは，実験者が素材箱に素材を一つ入れ，被験者の回答の後，別の素材に入れ替えた．オノマトペで表すセッションでは，素材を指で触りながら，その素材の触感を表すオノマトペを思いつく限り回答してもらった．回答時間は 30 秒間で，オノマトペが思いつかない場合は「回答なし」とした．快・不快評価のセッションでは 7 段階の評価（非常に快：+3，快：+2，やや快：+1，どちらともいえない 0，不快も同じく −1 から −3 までの 3 段階）を 30 秒以内にしてもらった．

　実験により，1500 通り（50 素材 × 30 人）のオノマトペと快・不快評価値の組み合わせが得られた．興味深いことに，最初に回答されたオノマトペのうち 84.5%（1268 通り）は，2 モーラ音が繰り返

される形式（「さらさら」など）であった．対象や動作に繰り返しがあると，それを表すオノマトペも繰り返し型になった．

快・不快評価のセッションで得られた評価値すべての平均は0.378 で，実験全体を通じて，やや快が多く回答されたものの，快・不快どちらかに大きく偏るものではなかったことから，快・不快が半数になるように集めた苦労が功を奏した．

快・不快の評価とオノマトペの音の関係について，繰り返し型オノマトペ1268語を対象に分析を行った．特に，感覚イメージと関連が強いとされる最初の音に注目して，各音を使用して表された素材の評価値が，1268語の評価値の平均（0.375）と統計的に差があるか分析した．

表4.5 のように，この手触りの快・不快の結果と，味の快・不快の結果とを比較してまとめると，両者には面白いほど共通性が見られることがわかる．

母音/u/は，どの子音でも有意に快の判断と結びついた（/h/：「ふわふわ」など，/s/：「すべすべ」など，/p/：「ぷるぷる」など，/t/：「つるつる」など）．逆に，/i/と/e/は，どの子音でも不快と結びついた．/i/は子音/t/（「ちくちく」など）と，/e/は子音/p/（「ぺちゃぺちゃ」など），/n/（「ねばねば」など），/b/（「べたべた」など）と主に組み合わせて使用された．子音/h/, /s/, m/は母音によらず快と結びつき，逆に，子音/n/, /z/, /j/, /g/, /b/, /sy/は母音によらず不快と結びついた．また，母音/a/と/o/，子音/p/と/t/は組み合わされる子音または，母音によって評価値が変化し，音素としての触感覚の快・不快との結びつきは弱いと考えられた．

表 4.5 触覚と味覚の快・不快とオノマトペの音の関係

	一般的な音象徴	触覚と快・不快	味覚と快・不快
/u/	小さい穴, 突き出し	快	快
/a/	平らさ, 広がり	快（子音依存）	快
/i/	線, 一直線の伸び	不快	不快
/e/	下品, 不適切さ	不快	不快
/h/	やわらかさ	快	快
/s/	なめらかさ	快	快
/m/	はっきりしない状態	快	不快
/t/	表面の張りがない状態	快（母音依存）	中立
/n/	粘り気, 不快	不快	不快
/z/	摩擦	不快	不快
/j/	摩擦	不快	不快
/g/	かたい表面との接触	不快	不快
/b/	ぴんと張る状態	不快	不快

4.2.3 触覚研究の難しさへのオノマトペによる挑戦

　触覚研究を始めてから，触覚分野の先行研究を調べ，自分で触素材を収集するなかで，重要なことに気づいた．触覚研究では，人の触覚認知の主要因を特定する研究が古くから精力的に行われているのであるが，研究ごとに，実験に用いられている素材が統一されていないのである．各研究者が，毎回異なる素材を使って，人の触覚認知の主要因を特定しようとしている．ある研究では，複数の木材を集めて，木材の手触りを SD 法で回答させていたり，ある研究では，さまざまな紙を集めて，紙の手触りを SD 法で回答させていたりする．

　手触りを対象としたこれまでの研究の結果，「粗い/なめらかな (rough/smooth)」，「かたい/やわらかい (hard/soft)」，「冷たい/

温かい（cold/warm）」という3次元が共通して多く見られており，これらの次元は安定して抽出される材質感次元のようである．しかし，実験に用いる素材や，材質感の表現に用いる評価語などの実験条件が変わると，抽出される次元が異なる可能性がある．当然ながら，「べたべた」した素材や「ねちょねちょ」した素材が含まれていなければ，「粘性」に関する次元は抽出されないことになる．視覚研究では，Web を介して画像データセットを世界中で共有しやすいが，触覚研究では実素材が必要なため，共有が難しいという問題が背景としてある．

　人の触覚認知において基本的な要因が何なのかを明らかにするためには，触素材に網羅性があることが重要であると考え，人が手触りを表す際に用いるオノマトペ（例「さらさら」）を構成する音韻に触質感と感性的印象が内包されるという音象徴性に着目し，日本語の全音韻との対応をとることにより，すべての触質感を網羅する触素材を選定することにした．日本語の音韻のすべての音の組み合わせから繰り返しのオノマトペ（「ふわふわ」など）11,075 語を作成した．作成したオノマトペから，手触りを表すために使いうるオノマトペを複数人で選定し手触りを表すオノマトペを絞り込み，対応する素材を研究室の総力を上げて探した結果 120 素材が選ばれた．この素材を用いて触質感次元の再抽出を行った結果は，Sakamoto and Watanabe（2017）に掲載された．素材は Web[2] で確認できる．この 120 素材を用いて抽出された触質感次元には，先行研究でも指摘されてきた「硬軟感」，「凹凸感」，「冷温感」，「感性因子」の4つに加え，新たに「重厚感」と「自然感」が抽出された．なお，120 素材の安定供給と共有は困難な可能性があると考え，

---

[2] http://journal.frontiersin.org/article/10.3389/fpsyg.2017.00569/full

④ オノマトペの音に感覚が結びつくことを示す科学実験 55

図 4.2 50 素材触感サンプルセット
竹井機器工業株式会社パンフレットより抜粋.

その後 120 素材から 50 素材まで絞り込んだ素材を,企業に委託し,「50 素材触感サンプルセット」として作成している(**図 4.2**).

　実験に実物が必要であるという触覚研究の課題は残るが,素材を,手触りを表すために用いられるオノマトペという高次の感覚カテゴリに基づいて網羅的に選定できたという点では有意義だったと感じている.

4.3 視覚の世界
4.3.1 見た目の粘性を表すオノマトペ

人間が物を目で見て知覚する際，その情報は，眼の網膜から脳の外側膝状体(がいそくしつじょうたい)を通って第一視覚野へと送られる．その後，情報は高次視覚野へと送られるが，その際情報の種類によって2つの別の経路へと送られる．一つは腹側経路といい，物体の色や形状の処理を意識的に行う．もう一つは背側経路と呼ばれ，物体の空間における位置や運動の処理を行う．その情報はある程度自動的（無意識的）に身体の制御に用いられるとされる（蘆田, 2004）.

このように，視覚による認知には形態認知と運動認知の2種類があることから，4.3節では，形態情報と運動情報をもつ流体の動画と，そこから切り出した複数の画像から構成される，形態情報のみをもつ静止画を用いて行った実験を紹介する．

なお，視覚から知覚される粘性の定量化は心理物理学の観点からも行われており（Kawabe *et al*., 2015; Fleming, 2014），視覚的な粘性の知覚と物理量との間の関係が指摘されている．

4.3.2 粘性がオノマトペの音に表れる

質感を表現する時にオノマトペは日常的に用いられるが，粘性を表現する時は，「どろどろ」，「とろとろ」といった表現を用いる．そこで，このようなオノマトペを構成する音と主観的な粘性評価値に関係があるか，実験で調べてみた．

CGで作成した動画素材50種から被験者の協力により，粘性の評価がしやすい素材を選び出した．CG動画は，異なる粘度の流体が流れる様子を表現しており，60枚の画像を30枚/秒でつなぎ合わせ，2秒間で再生される．また，流体の動きには10パターンが存

在し,それぞれのパターンには5段階の粘度(10^{-0} m²/s:粘度高から 10^{-4} m²/s:粘度低)が与えられている.各動画素材から知覚される粘性を点数(0点から100点)で評価し,その流体の動きから想起されたオノマトペを回答する方法で行った.その結果に基づいて,25種類の動画素材を実験刺激として実験に使用した.

被験者28名に,動画25種(粘度5段階×5パターン)とそこから切り出した静止画25種(粘度5段階×5パターン)の計50種を見てもらった.50種類の刺激をランダム順で複数回表示し,1順目ではイメージされたオノマトペを回答,2から4順目では粘性を0点から100点で評価してもらった.

実験の結果,動画素材の粘性を表すオノマトペを素材25種分と静止画素材の粘性を表すオノマトペを素材25種分と各素材の粘性を評価した数値データが得られた.粘性値は,前後の回答の影響を抑えるため,各被験者の3回分の回答を平均して解析に用いた.解析では,各オノマトペを第1モーラと第2モーラに分解し,それぞれのモーラにおいて,子音の種類(k, g, s, z, t, d, n, h, b, p, m, y, r, w),母音の種類(a, i, u, e, o),濁音,半濁音,拗音(小さい「や」「ゆ」「よ」),長音,撥音,促音の有無,および型の種類を判別した.その後,全体の粘性値平均に対して,各要素の粘性値平均に統計的な有意差があるかどうかを調べた.

その結果,第1モーラでは,「ぐにゃぐにゃ」などに用いられる/g/,「どろどろ」などに用いられる/d/,「ねばねば」などに用いられる/n/,「もりもり」などに用いられる/m/は,有意に高い粘性を表し,「さらさら」などに用いられる/s/,「じゃーじゃー」などに用いられる/z/は,有意に低い粘性を表す要素であるとわかった.また,「さらさら」などに用いられる/a/,「びしゃびしゃ」などに用いられる/i/が,低い粘性を,「ぐにゃぐにゃ」などに用いられ

る/u/,「ねばねば」などに用いられる/e/,「どろどろ」などに用いられる/o/が高い粘性を表しているとわかった．先行研究でも，/n/は粘り気を，/s/水しぶきや流れる液体のイメージを，/z/も水しぶきのイメージと結びつくとされているが，この実験結果は先行研究の指摘と一致していた．また，拗音，長音，促音の有無によって，粘性値が有意に異なることもわかった．拗音については，「じゃばじゃば」など，拗音があるオノマトペの方が，ない場合よりも粘性値が低くなる傾向が見られた．長音や促音についても同様に，「どろーどろー」や「どろっどろっ」といった要素があるオノマトペの方が，「どろどろ」などの何も付かないオノマトペよりも粘性値が低くなる傾向が見られた．

第2モーラでは，「ばしゃばしゃ」などに用いられる/s/は，第1モーラと同様に低い粘性を表していた．また，「ぐにゃぐにゃ」などに用いられる/n/も第1モーラと同様の結果で，高い粘性を表していた．ほかに，「ぬめぬめ」などに用いられる/m/や，「ぽよぽよ」などに用いられる/y/が，非常に高い粘性を表していた．また，「どろどろ」などさまざまな粘性を表すオノマトペに用いられる/r/は平均よりやや高めの粘性を表していた．一方で，一つのモーラだけで構成されるオノマトペ（「じゃー」，「どー」）の方が，複数のモーラで構成されるオノマトペよりも粘性が低く感じられた時に使われることもわかった．

このような実験で，動画や静止画の見た目から感じた粘性は，オノマトペの音や形に表れることがわかった．つまり，オノマトペを粘性の評価手法として用いることで，粘性の質感の定量化が可能になると考えられた．6章で紹介するオノマトペを数値化するシステムを発展させる形で，オノマトペを入力するとその印象に適した粘性表現を提案するシステムを作成した．**図4.3**にシステムのインタ

④ オノマトペの音に感覚が結びつくことを示す科学実験　59

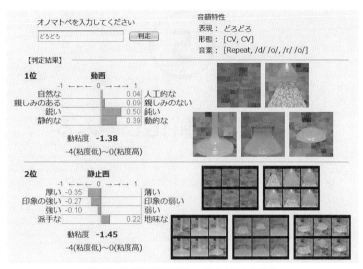

図 4.3　粘性動画像推薦システムの出力結果例

フェース例のみ掲載するが，詳細は鍵谷ら（2015）を参照してほしい．

⑤

擬音語を数値化してみる

 4章では，オノマトペの音韻と形態に，触覚や味覚や視覚を通して得られる感覚イメージや快・不快といった感情が結びつくこと示す実験について紹介した．本章では，はじめに音質評価におけるオノマトペの一種である擬音語の重要性，聴覚を通して得られるイメージや感情と擬音語の結びつきについて解説し，擬音語に音の感性的印象が結びつくという特長に情報技術を掛け合わせることで実現した「擬音語を数値化するシステム」を紹介したい．

5.1 聴覚の世界
5.1.1 人は聞こえた音を擬音語で表現する

 私たちの日常は音だらけである．人の声，動物の鳴き声，物から出る音，機械から出る音などさまざまである．自分が聴いた音について人に伝えようとする際，音源となったもの自体を指して，「人の声がした」，「犬の鳴き声がした」，「チャイムが鳴った」，ということも多いが，「キャーッという叫び声がした」，「ワンワン鳴く声

がした」,「ピンポーンと鳴った」のように,どのような音が鳴ったのかを擬音語で伝えることが非常に多い.

音の発生から擬音語として表されるまでの過程は**図 5.1** のようになる. 音源となるものが空気を振動させ, 空気の振動が耳介で集められ, 外耳道を通って鼓膜に到達し, 鼓膜に振動を伝える. 鼓膜の振動は, 耳小骨と呼ばれる 3 つの骨(ツチ骨, キヌタ骨, アブミ骨)に次々と振動を起こし, 蝸牛(かぎゅう)という渦巻き状の器官に伝わる. 蝸牛は固い骨で覆われているが, 中はリンパ液で満たされている. 蝸牛の基底膜に伝わった進行波と呼ばれる振動は, 一度大きくなってから減衰する. 進行波が最大になる場所は周波数により異なり, 低周波の振動は蝸牛孔付近で最大値をとり, 高周波の振動は前庭窓(ぜんていそう)側で最大値をとる. これにより, 人は周波数の情報を得ることができ, 音の高さや音色の知覚ができる. さらに, 基底膜の上には有毛細胞があるが, 基底膜が振動すると, 有毛細胞の毛が変位し, 電気信号を発生させ, それが聴神経のニューロンの活動電位を発生させ, 脳へと伝わり, 音として知覚される. さらにその知覚された音を人は言語に変換するが, この時しばしば用いられるのが擬音語である.

音の研究は, 主に空気中の弾性波としての「物理的な音」に関する研究と, それによって起こされる聴覚的な印象としての「感性的(心理的)な音」に関する研究に大きく分けられる. 本書と関わりがあるのは, 主として後者であるが, 本章の後半で紹介する擬音語を音作りに生かそうとする試みにおいては, 擬音語と物理的な音との関係も重要になる.

「感性的な音」, つまり, 人が物理的な音を聴覚で知覚した際の印象に関する研究では,「音の 3 要素」に着目する場合が多い.

まず,「音の大きさ(loudness, ラウドネス)」であるが,「大き

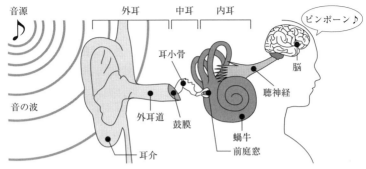

図5.1 音が耳に伝わって擬音語として表されるまでの流れ

い―小さい」という尺度で表現される1次元的な性質のものである．音の大きさは，音のもつパワーと対応する．パワーが大きいほど，音の大きさは大きくなる．つまり，音の大きさに関する感性的印象は，物理量との対応が単純である．

「音の高さ（pitch，ピッチ）」も，「高い―低い」という尺度で表現される1次元的な性質のものである．音の高さは，基本的には周波数と対応する．音の高さの印象も，物理量との対応が比較的単純である．

一方，「音色（timbre，タンバー）」は，1次元的に表現することができず，複雑である．「明るい―暗い」「澄んだ―濁った」「きれい―汚い」など，さまざまな尺度で表される多次元的な性質のものである．物理量との対応も複雑で，周波数スペクトル（位相スペクトルなどともいわれる），減衰特性，ノイズ成分の有無など，さまざまな物理量が音色と関連があるとされる．とりわけ擬音語で表現される音色の特徴には，何の音であるかを聞き分ける識別的側面と音の印象的側面が関連が強いと考えらえる．擬音語は，何の音であるかを識別し，言語音でその音を模倣したものであると同時に，そ

の音を「明るい音」であると感じたか,「暗い音」と感じたか「心地よい音」と感じたか,「不快な音」と感じたかなど,さまざまな形容詞で表現される感性的印象も表されるものである.これについては 5.2 節で述べる.

「音色」と似た言葉で「音質」という用語がある.ほとんど同義とされるが,「音質」の方が歴史的には新しい用語らしい.岩宮眞一郎（編著）『音色の感性学』によると,『広辞苑』の 1955 年版には「音質」は掲載されていないが,1969 年版には掲載されている.「音質」は,対象が定まったうえでの音の印象であり,「声や音のよしあし」と記述されているとのことである.どうやら「音質」は音の印象であり,音の良し悪しといった価値判断を含む概念のようである.本書では,擬音語に「良い―悪い」に関する価値判断も反映されるという点に着目するため,「音質」という言葉を使うことにする.近年,音響機器や楽器などの音だけでなく,自動車のエンジン音や空調の音,パソコンやプリンタなどの OA 機器の動作音や操作音,機械音などの音質がものづくりにおいて重要視されている.

5.1.2 音質の評価方法

音の感性的印象を評価する方法には,主に,心理物理学的測定法と心理学的尺度構成法がある.心理物理学的測定法は,被験者の反応に応じて実験刺激の強度を変化させる方法である.それに対し,心理学的尺度構成法は,音の物理量とは関係なく,主観的印象を測定する方法である.

心理学的尺度構成法には,さまざまな方法があるが,大きく分けると,絶対判断によるものと,相対判断によるものがある.評定尺度法のような絶対判断による方法では,一つの刺激音が与えられて,その印象を「明るい―暗い」といった尺度上に当てはめた数値

で表す．評定尺度法の場合は，判断の基準は被験者の内部にあるため，実験時の被験者の状況によって判断基準は変動するおそれはある．それに対し，一対比較法のような相対判断の場合は，被験者は，ある基準に基づいて，一対の刺激音の印象を比較して判断する．つまり，判断基準は被験者の外にある．しばしば用いられるのが音の好みの評価で，2つの音を提示して，どちらの音が好きかを被験者に判断してもらう．音を同時に提示して比較することはできないため，聴覚実験では，継時的に音を提示し，前の音に比べて後の音をどう感じたかを判断することになる．

5.1.1 項で，音の感性的印象は多次元的であると述べたが，このような多次元的な性質のものを測定する時に使われる方法として，多次元尺度構成法がある．対象同士の距離関係をもとに，空間上に配置するもので，似ているものほど空間上近くに配置される．たとえば，刺激音を対で提示して，2つの音の似ている度合いを被験者に判定してもらう．対象間の関係を直感的に把握しやすい方法である．

同様に，多次元的な性質のものを測定する時に使われる方法として，多くの形容詞尺度ごとに，5段階や7段階の数値で被験者に回答を求める SD 法がある．SD 法については3章で説明したが，人の印象を形容詞による意味空間でとらえられるという考え方や，両極性の形容詞対（反対語対）がある，ということを前提としている．この方法では，どのような種類のいくつの形容詞尺度で評定を求めるか，といったことについてよく検討が必要である．しかし，従来，音質評価では，SD 法による評価が用いられることが多く，1960 年代から 1970 年代に，音響学分野の研究者らによって，この方法を用いる場合の注意点がまとめられている．

(1) 必要十分な尺度数であること：被験者負担などを考えると，できるだけ尺度数は少なくしたいが，抜けがないようにする．
(2) 尺度の意味の理解が一般的に共通していること：被験者によって，形容詞対尺度の解釈が異ならないようにする．
(3) 音質を評価するものであること：実験環境や音楽から想起される経験を評価されないようにする．
(4) 尺度の信頼性：人が変わっても，日が変わっても，同一対象の評価が不変であるようにする．

従来の音質評価についての先行研究では，音質評価では，「美的因子」，「迫力因子」，「金属性因子」が重要であるとされている．各因子に対応する形容詞が音質評価で用いられている．さらに，提示する刺激音については，多様なものにする必要があるとされる．5.2 節で紹介する筆者の研究室の実験でも刺激音の選定には力を入れた．

5.2 擬音語による音質評価

音を人がどのように感じているのか．この問題は，音が発生する機械の製作や機械に効果音など付与するものづくり現場において重要な懸念事項である．発生する音がどのような音なのか，音質を評価する際には，5.1.2 項で紹介した，多数の形容詞対尺度を用い，音のさまざまな印象的側面を測定する SD 法が用いられることが多い．しかし，3 章でも述べたように，音に対する主観的印象を評価することに馴染みが薄い一般の人には，一つひとつの形容詞尺度ごとに音質を分析的に評価することが難しい．

そこで近年，擬音語を用いて，音を評価してもらうことで音質

評価を行おうという試みが行われている.たとえば,高田 (2002) は,レーザープリンタ 3 機種や複写機 2 機種のカバー開閉,給紙トレイ挿入,用紙サイズ調節,トナー脱着の際のロック解除といった,メンテナンス操作時に発生する音(操作音)を被験者に擬音語で表現してもらう実験を行い,擬音語が操作音のどのような音響的特徴を捉えているのか分析している.その結果,44 種の操作音は,大まかに見て 5 個のグループに分類されるとしている.たとえば,最初のグループに分類された操作音は,主にカバーを閉じる際の音やトレイを挿入する際の音などで,カバーを閉じる際などに発生する衝突音の前に擦れる音が発生しているが,この擦れ音を表現するために,「すー」や「きー」などの長音を含む表現が用いられている,といった特徴があるとしている.このような衝突以前の擦れ音のエネルギーは比較的広い周波数帯域に分布し,擦れ音は金属的な音ではない.このように音響的特徴の類似した操作音が同じグループに分類されたことにより,擬音語表現が操作音の音響的特徴を捉えるのに有効であるとしている.

このような機械から出る音は,いわゆる騒音と呼ばれる不快なものとして,たとえばドライヤーなどでは静音技術開発が行われている.エアコンの吹き出し音は,ない方がよさそうな騒音と思われていて静音をうたう製品が売り出されていたりするが,筆者が某民放バラエティ番組で共演した戸井武司氏(戸井,2012)によると,エアコンの「しゃーしゃー」という吹き出し音が勉強の効率を上げる可能性があるという.音には我々のまだ知らないいろいろな性質がありそうである.機械類を操作する際に,操作している感を与えるために,あえて効果音を付与している製品も多い.洗濯機のボタンを押すと「ぴっ」,電子レンジで温めが終了すると「ぴーぴー」,電話のボタンを押すと「ぴっぽっぱっ」と音が鳴る.そこで,どのよ

うな音を付与すると,どのような印象を人に与えるのか,消費者に快適に感じてもらえるのか,製品に音を付与するものづくりの現場では,擬音語を使いながら検討が行われているようである.これまで見てきたように,音の周波数のような物理的特徴と擬音語を結びつける研究は従来多かったが,音を表現するために人が用いた擬音語から,音をどのように感じたのかという主観的印象を知ることはできるのだろうか.

5.2.1 効果音の音質評価実験

効果音を機械に付与しようとするものづくり現場では,どのような音を人が心地よいと感じるのかを知りたいというニーズがある.そこで,効果音から人がどのように感じたかが効果音を表現する時の擬音語に反映されるのかを調べてみることにした.不快な音は除去し,快音を付与したい,というのが効果音作りの現場で求められることを考え,どのような音が心地よいと評価され,どのような音が不快と評価されるのかを調べるのがよさそうである.そこで,快と思われる音と不快と評価されると思われる音がそれぞれ半数になるように,機械音(ビープ音などの電子音)と環境音(駆動音のような実在する外界の物音や,それを模倣した音)を選んだ.被験者に,60個の効果音を聞いてもらい,思い浮かんだ擬音語を答えてもらった.さらに,「快—不快」,「好きな—嫌いな」,「楽しい—つまらない」,「上品な—下品な」,「安心な—不安な」,「高級感のある—安っぽい」尺度で,各音の印象を7段階SD法で回答してもらった.**表5.1**は,60個の効果音から最も多く想起された擬音語の一覧である.

どのような効果音が心地よいと感じられ,どのような効果音が不快に感じられるのか,一目で把握できるように2次元マップで

表5.1 60個の効果音から想起された擬音語一覧

しゃん	ぽ	ざー	ぶー
ぶいーん	ぴっぴっぴ	しゃん	どるんどるん
ぴーん	かこん	ぴーん	ぽぴゅん
どんどん	からんからん	ぴこん	ぶぶー
ぱん	どどどど	ざーざー	ぎりぎり
ざー	ぴーん	ぽん	ぴよん
しゃらん	ぶーぶー	たーん	ぶー
ぶいーん	かちゃ	ぶっ	ぽわん
ぴー	どどどど	かーん	ぴー
ぴーん	ぽちゃん	ぽっ	ぽこん
ぴーん	こん	ぽん	ぶるぶる
ちりんちりん	がしゃん	がしゃん	ぴろん
ぴゅーん	ぽちゃん	ういーん	きーん
とーん	ぽーん	ぶくぶく	ががががが
きーん	ぴー	ごろごろ	がしゃーん

可視化してみることにした（なお，ここでは主成分分析[1]という統計的な手法を使っている．詳しいことが知りたい方は，石村貞夫ら（著）『多変量解析によるデータマイニング』を参照されたい）．各音を表す代表的な擬音語を2次元分布図上に置いてみた．さらに，各音の快・不快の評価値を用いてバブルチャートを作成し，擬音語マップと合わせることで，各音の快・不快傾向を図5.2のように可視化してみた．バブルの面積は，快・不快の評価値に比例するようにした．快の評価値（正の値）を表すバブルを濃い灰色，不快の評

---

[1] 主成分分析（principal component analysis）：多数の変数から少数で全体のばらつきを最もよく表す主成分と呼ばれる変数を合成する多変量解析．

⑤ 擬音語を数値化してみる　69

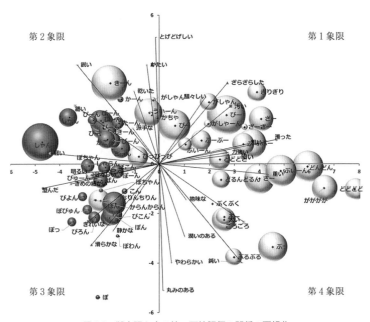

図5.2　擬音語と音の快・不快評価の関係の可視化

価値（負の値）を表すバブルを白色として，視覚的に理解しやすいようにした．左の第2および第3象限に示された音と代表擬音語の多くは快の値を示し，右上の第1象限に示された音と代表擬音語の多くは不快の値を示していることがわかる．最も心地よい音と評価されたのは「しゃん」という音で，細くて，軽くて，明るく，澄んだ，きめ細かい音であると感じられたと推定できる．鈴のような音で，圧倒的に多くの人が心地よい音として評価していた．そのほか，心地よいと評価される傾向にある音は，パ行を使った擬音語で表されることが一目でわかる．「ぴーん」「ぽちゃん」「ぴよん」「ぽぴゅん」「ぴゅーん」「ぽーん」「ぴー」「ぴこん」「ぽん」「ぽわん」「ぽっ」「ぽこん」「ぴろん」と，面白いほど全部パ行の擬音語であ

る．これらの擬音語が配置されている印象評価尺度から，左上の第2象限に位置する細くて，軽い尺度と関連すること，および左下の第3象限に位置する明るく，澄んだ，きめの細かい，きれいで，なめらかで，静かな尺度と関連する傾向があることがわかる．

　一方，最も不快に思われやすい効果音は，「がしゃん」という擬音語で表されており，「しゃん」が最も心地よいと思われた音を表す擬音語であったことと比べると「が」がついただけで最も不快な音になっている．「が」はいわゆる濁音であるが，濁音を使った擬音語は不快な音を表す傾向にある．「ぶいーん」「どんどん」「どどど」「ざー」「ぶーぶー」「ぶいーん」「びー」「ざー」「ぶー」「どるんどるん」「ぶぶー」「ざーざー」「ぎりぎり」「ぶっ」「ぶるぶる」「ぶくぶく」「がががが」「がしゃーん」など，全部不快な音を表す擬音語となっている．これらの擬音語の配置から，不快に評価されやすいのは，第1象限に位置する騒々しい，汚い，粗い，暗いという尺度や，右下の第4象限に位置する，重い，地味な，鈍いといった尺度と関連する効果音であることがわかる．濁音以外で不快に評価される傾向があったのは，「きーん」「かーん」といった擬音語で表される効果音で，固く，鋭い尺度と関連があることがわかる．

　このような分析がどのような役に立つのかというと，たとえば，お客さんが発した一言の擬音語を2次元マップ上に配置することができれば，その人がその効果音をどのように感じているのかを一目で把握することができる．さらに，オノマトペと音の物理量との関係も可視化することでわかりやすくなる．音の物理量は本章の冒頭で見たようにいろいろあるが，ここでは，単純に，ピーク時周波数との関係で見てみよう．各擬音語と，その擬音語が想起された刺激音のピーク時周波数をもとにして**図 5.3**のようにバブルチャートで可視化した．バブルの面積がピーク時における周波数に比例するも

⑤ 擬音語を数値化してみる　71

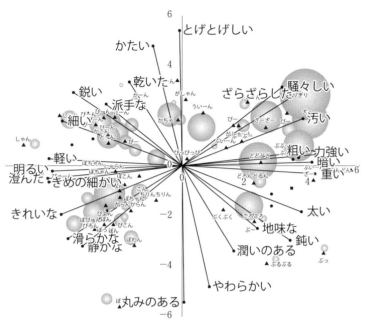

図 5.3　擬音語と音の快・不快評価とピーク時周波数の関係の可視化

のとして，ピーク時における周波数が高いものはバブルの面積を大きく，低いものはバブルの面積を小さくしている．図 5.3 より，バブルの比較的大きい，つまり周波数の高い刺激音は，騒々しい，汚い，といった尺度周辺に配置されているように見える．こうすることで，たとえば，「びー」という擬音語で表された音を「しゃん」という音に近づけるには周波数を低くした方がよいといったことがわかる．ただし，音の物理量にはほかにもさまざまある．そのため，たとえばさまざまなバブルチャートを作って重ね合わせて比較する，といった作業なども必要になるだろう．

5.3 擬音語を数値化するシステム

擬音語がどのような音の印象と結びつくのか,5.2 節のような実験を毎回行っていては大変である.そこでどのような擬音語の印象も瞬時に数値化するシステムを作ることにした.

藤沢ら(2006)では,被験者実験により音韻特性要素の有無が擬音語の印象に与える影響を数値化し,その線形和で擬音語の印象が決定されると仮定した次式(5.1)のモデルを提案していた.

$$\hat{Y} = X_1 + X_2 + X_3 + X_4 + X_5 + \text{Const.} \quad (5.1)$$

ここで,$\hat{Y}$ はある尺度についての印象の予測評価値,X_1 から X_5 はそれぞれ子音行,濁音・半濁音,拗音,母音,語尾が音の印象に与える影響の大きさを表している.そしてこのモデルに基づいて,評価実験結果の分析を行い,音響特徴に関連する 15 組の形容語尺度対と 21 個の音韻特性について,**表 5.2** に挙げるような印象評価値を取得していた.

たとえば,「さしすせそ」など清音は,どちらかというと,きれいで,明るく,澄んだ,快く,やわらかい音なのに対し,「ざじずぜぞ」のように濁音になると,汚くて,暗く,濁った,不快で,か

表5.2 音韻特性と擬音語印象評価値(一部)(藤沢ら,2006)

評価尺度	子音行			濁音	
＋極　　　−極	/s/	/n/	/r/	濁音	半濁音
きれいな―汚い	0.34	0.08	1.56	−1.45	0.13
明るい―暗い	0.05	−0.21	1.21	−1.29	0.69
澄んだ―濁った	0.17	−0.45	0.77	−2.47	0.11
快い―不快な	0.76	0.80	1.66	−0.99	0.20
かたい―やわらかい	−0.82	−2.59	−1.26	0.14	−0.17

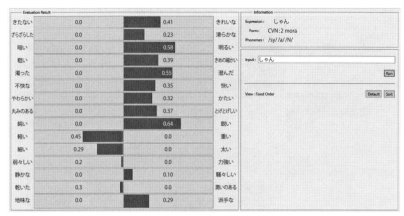

図 5.4 「しゃん」の出力結果

たい音の印象になることがわかる．

そこで，擬音語の意味を，それを構成する音の印象から数値化するシステムの設計を行った．藤沢らによるモデルに対し，任意の言語音に適用可能なように補正を加え，音響特徴に関連する 15 組の形容詞尺度対それぞれについて，形態素解析より得られた単語を構成する各音韻がもつ印象値を用いて，擬音語の音のイメージを推定するものにした．このシステムのアルゴリズムなどの詳細については，次の 6 章で詳しく解説する．

図 5.4 は，5.2 節の実験で最も印象のよかった効果音から想起された「しゃん」という擬音語をシステムで解析した結果である．

実はこのシステム，擬音語を数値化できるだけでなく，単語の音の印象の数値化もできる．たとえば，宮崎駿のアニメ『崖の上のポニョ』の主人公の名前である「ぽにょ」をシステムにかけると，なめらかでやわらかく，丸みがあり潤いがある印象である，という結果が出る（**図 5.5**）．

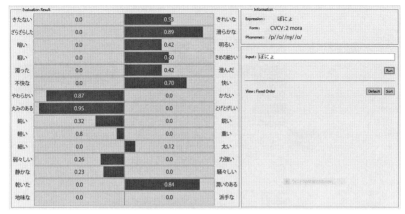

図 5.5 「ぽにょ」の出力結果

　このシステムを使えば，名前が人に喚起する音の印象を簡単に数値化することができる．高校出張講義の時など，一般の方向けの講演の際に，聴講者の名前を入出力して見せると大変喜ばれる．ただし，悪い印象が出力されることもあり，喜ばれない時もある．**図 5.6** は，筆者の名前の印象の出力結果である．「ぽにょ」ほどではないがまあまあである．

　このシステムを作成してまだ間もない頃，外国人も対象とした講演を依頼された．このシステムは，日本語の音韻を対象としたものであり，入力も平仮名か片仮名しか受けつけないため，少々困った．仮名を入れてみたところで，日本語が読めない人にはわからない．そこで，まずはシステムの画面に表示される形容詞を英語にするなどインタフェースを英語化し，2章で紹介したブーバ・キキ効果の「ブーバ」と「キキ」を入れてみた．「ブーバ」と「キキ」は日本語でも何語でもない造語であり，学術の世界では有名な例であるため，外国人研究者も知っている．**図 5.7** が「ブーバ」の出力結

5 擬音語を数値化してみる

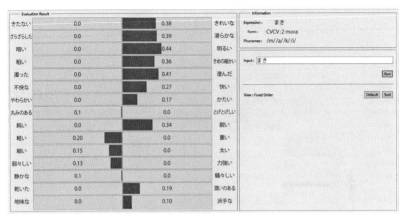

図 5.6 「まき」の出力結果

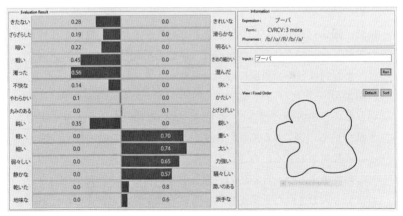

図 5.7 「ブーバ」の出力結果
図形はブーバ図形を模して筆者が描いたもの．

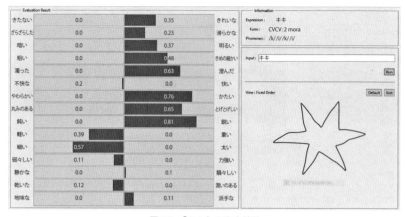

図 5.8 「キキ」の出力結果
図形はキキ図形を模して筆者が描いたもの.

果で, 図 5.8 が「キキ」の出力結果であるが, 両者の違いを反映した結果となってくれた（ちなみに, 本書で紹介しているシステムでは, 形容詞は日本語表記にしている）.

図 5.7 から,「ブーバ」は丸みがあり（本システムの表示では「鈍い」という形容詞に相当), 重くて, 太いという数値が大きく出力されている. 図 5.8 から,「キキ」は, とげとげしく, 鋭く, 細いという数値が大きく出力されていることがわかる.

このシステムは, 日本語の音韻とそれが結びつく印象値を組み合わせて, 入力された言葉が想起する音の印象を推定するものであるが, 2 章で見たように, 音象徴には言語を超えた普遍性がある。日本語をもとに作られたシステムが, 母国語に関わらないブーバ・キキについて先行研究と一貫した結果を出力したことは興味深い.

本章では, 擬音語を用いた音の研究について概観した. そして, 擬音語を用いれば, 音を物理的な観点からだけでなく, 聞いた人が

その音を心地よいと思っているのか，不快だと思っているのかなど，音の感性的印象の評価もできることを述べた．また，擬音語や単語の音の印象を数値化するシステムを紹介した．

　このような研究を通して，人は音を擬音語で表現することができて，擬音語の選択には音から感じた印象が反映されることがわかったが，被験者が音を擬音語で表す認知過程で何が起きていたのだろうか．聞いた音の特徴をそのまま調音器官を使って表現しようとしたのか，日本語の音韻カテゴリに当てはめる処理をしていたのか，聞いた音から知っている擬音語を塊として想起して，その擬音語を回答していたのか．それとも，聞いた音から，「鈴の音か？」など，音源となるものを推測し，鈴の音なら「しゃん」だ，といった知識を駆動して回答していたのだろうか．音を擬音語に変換する認知メカニズムのより詳細な解明も面白い研究テーマである．

あらゆるオノマトペを数値化するシステムへの拡張

　5章で紹介した擬音語を数値化するシステムは，2010年のイノベーションジャパンという科学技術振興機構（JST）が主催する産学連携イベントに出展した．その後，企業から使ってみたいという引き合いが多くなった．企業からの要望を聞く中で，どうやらこのシステムを音の印象評価だけに用いるのではなく，手触りや見た目の印象など，五感で知覚する質感を評価するのに用いることができるとよさそうだということに気づいた．5章で紹介したシステムは，擬音語で表される環境音などの音自体の印象を，言語音と印象の結びつきから推定しているため，擬音語の印象を高い精度で推定できるのは当然といえた．しかし，音をそのまま言語音で表現する擬音語ではなく，それ以外の五感を通して知覚される印象を表現する擬態語の意味を，言語音と印象の結びつきから推定することができるのかは未知であった．4章で見たように，手触りなどを表す擬態語においても，言語音に五感を通して知覚した質感と快・不快などの感性的評価が結びつくことは実験で確認していた．そこで，こ

のオノマトペの特長を活かし，オノマトペによって表される手触りや，見た目といった知覚による印象や快・不快や高級感や自然感といった，より高次の感性的印象を数値化するシステムの構築に挑戦してきた．以下では，2014 年に人工知能学会論文誌に掲載（清水ら，2014）され，その年の論文賞を受賞した「視触覚印象を表すオノマトペを数値化するシステム」について紹介したい．

6.1 視触覚的印象を表すオノマトペを数値化するシステムの作り方

工学的なシステムを作る際には，社会的課題を解決することを目的とすることが多い．このシステムは，見た目や手触りを通して感じる質感が重要となる製品の開発をしている企業からの要望に応えるために作成した．そこで，採用した評価項目は，触感や視覚的印象に関連する分野（ファッション，インテリア・建築，プロダクト，デザイン，色彩全般）についての研究で用いられることの多い評価項目を調査して選んだ．

まず，視覚について，5 つの分野に関する研究を行っている 14 の文献から，感性評価に用いられている評価尺度 248 対を抽出し，表記を統一した（例：「あたたかい—つめたい」と「温かい—冷たい」を「温かい—冷たい」に統一）．この中から，2 以上の文献で評価に用いられている尺度のみを抽出し，山口翼（編）『日本語大シソーラス—類語検索大辞典』を用いて類似の語を統一した．同様に，触覚に関する研究を行っている 12 の文献から，評価尺度 69 語を抽出し類似する表現を統一し（例：「かたい—やわらかい」と「柔軟な—硬い」を「かたい—やわらかい」に統一）さらに類似の語を統一した．以上の選定手順を経て視覚評価尺度 26 対と触覚評価尺度 26 対を抽出した．しかし，類似の表現が複数存在したため，

表 6.1　感性評価尺度 43 対（清水ら，2014）

明るい―暗い	視	丈夫な―脆い	触
温かい―冷たい	視・触	シンプルな―複雑な	視
厚い―薄い	触	好きな―嫌いな	視
安心な―不安な	触	滑る―粘つく	触
良い―悪い	触	鋭い―鈍い	触
印象の強い―印象の弱い	触	静的な―動的な	視
嬉しい―悲しい	視	洗練された―野暮な	視
落ち着いた―落ち着きのない	視	楽しい―つまらない	視
快適―不快	触	男性的な―女性的な	視
かたい―やわらかい	視・触	弾力のある―弾力のない	触
規則的な―不規則な	触	つやのある―つやのない	視
きれいな―汚い	視・触	強い―弱い	視・触
現代風な―古風な	視	抵抗のある―抵抗のない	触
高級感のある―安っぽい	触	凸凹な―平らな	触
個性的な―典型的な	視・触	なめらかな―粗い	触
爽やかな―うっとうしい	視・触	伸びやすい―伸びにくい	触
自然な―人工的な	視・触	激しい―穏やかな	触
親しみのある―親しみのない	視・触	派手な―地味な	視
湿った―乾いた	触	陽気な―陰気な	視
シャープな―マイルドな	視	洋風な―和風な	視
重厚な―軽快な	視・触	若々しい―年老いた	視
上品な―下品な	視		

表中の評価尺度は，視覚領域に由来するものには「視」，触覚領域に由来するものには「触」，双方の領域に由来しており統一されたものには「視・触」を付して示した．

再度『日本語大シソーラス―類語検索大辞典』を用いて表現を統一し，**表 6.1** に示す感性評価尺度 43 対を得た．43 項目でオノマトペの意味を計算して出せるようにすることを目指した．

オノマトペの印象を計算する方法は，一つひとつの言語音や形態的特徴に結びつく意味を足し算していく，というシンプルな方法であるが，丁寧な心理実験とデータ処理によって，予測精度の高いシステムを実現した．構築手順はおおよそ以下の通りである．

6 あらゆるオノマトペを数値化するシステムへの拡張

● 手順 1

どのようなオノマトペを入力しても，エラーになることなく，それが表す意味を推定できるようにするために，日本語のすべての音韻を網羅するオノマトペを被験者に評価してもらう必要がある．一方で，「あいあい」「あえあえ」のように，人が到底オノマトペとして作らないような音韻の羅列では，人は何もイメージできないと思われる．そこで，このシステム構築で重視したのは，日本語のオノマトペの音韻および形態的特徴を備えたオノマトペについて網羅的に扱えることができるようにすることである．そこで，「さらさら」のようにオノマトペとして認められる表現のみを被験者実験で用いることとした．

イメージが湧きそうなオノマトペであり，すべての音韻要素が網羅されるものを選んだところ，最終的に 312 語が実験刺激となった．**表 6.2** は，実験刺激の例である．

● 手順 2

ステップ 1 で選ばれたオノマトペの印象を，「明るい—暗い」などの 43 項目ごとに，実際に人に評価してもらう実験をした．被験者は，20 歳から 24 歳までの大学生 78 名だった．企業から，大学生だけを対象にした実験結果で構築したシステムの汎用性に懸念が示されたため，大規模に Web 調査した結果をもとにシステム構築したこともある．結果はほぼ同じだったため，実験室でコントロールして得たデータを用いたシステムで論文を書いた．被験者に実験刺激オノマトペについて，一語ずつ 43 項目ごとに，7 段階で印象を評価してもらった．実験で得られた 174,408 個の回答のうち平均から極端に外れていたデータ（外れ値）を削除し，回答の評価値の平均を計算に用いることにした．

表6.2　実験刺激オノマトペの例

うにょうにょ	ちりちり	もしゃもしゃ
がさがさ	つぶつぶ	よれよれ
ぎとぎと	つるつる	わしゃわしゃ
ぐちょぐちょ	てかてか	うんにゅり
けばけば	とろとろ	くにゃー
ごつごつ	どろどろ	ざざっ
ころころ	なよなよ	ざらー
ごわごわ	にゅぶにゅぶ	すべっ
ざざざざ	ぬちゃぬちゃ	どろーり
ざしゅざしゅ	ねちゃねちゃ	ぱふっ
さらさら	ふかふか	ふーわり
ざらざら	ぶにゅぶにゅ	もっさ
じょりじょり	ぷるぷる	ほこほこ
すべすべ	ふわふわ	ほわほわ
ちくちく	べちょべちょ	むにむに
ちゃぷちゃぷ	べとべと	わしゃり

● 手順3

ステップ2の被験者実験で得られたオノマトペの印象評価値から，オノマトペを構成する音韻とオノマトペ全体の印象の関係を定量化するために，言語のような定性的なデータを定量的に扱うために用いられることのある，数量化理論Ⅰ類という統計処理を行った（金明哲（著）『定性的データ分析』を参照）．この処理を行うと，**表6.3**のように，各音韻がオノマトペの印象にどのように影響を与えるか定量的に求めることができる．この数量値によって，音韻要素がオノマトペ全体の印象に与える影響がわかる．たとえば，「ハ行の音」や「カ行の音」などがそれぞれどのような印象と結びつくか

6 あらゆるオノマトペを数値化するシステムへの拡張

表6.3 音韻要素のカテゴリ数量（一部）

評価尺度 左が−極 右が＋極	第1モーラ											定数項
	子音行の種類					濁音の有無			母音の種類			
	カ行	タ行	ナ行	ハ行	マ行	なし	濁音	半濁音	イ	ウ	エ	
明るい―暗い	−0.13	−0.06	0.99	−0.38	−0.27	−0.31	0.78	−0.66	0.044	0.04	0.71	3.86
暖かい―冷たい	0.16	0.21	0.06	−0.28	−1.13	−0.08	0.18	−0.13	0.68	−0.11	0.42	3.89
かたい―やわらかい	−0.82	−0.07	0.66	0.29	1.11	0.14	−0.39	0.48	−0.08	0.55	0.16	4.43
湿った―乾いた	0.62	−0.74	−1.18	0.49	−0.32	0.33	−0.46	−0.68	0.17	−0.32	−0.50	3.63
滑る―粘つく	−0.19	0.04	0.72	0.18	0.62	−0.30	0.62	−0.15	0.18	0.02	1.09	3.72
凸凹な―平らな	−0.06	0.31	−0.13	0.13	−0.60	0.36	−0.68	−0.22	0.18	0.22	0.15	3.37

が特定できる．

　たった300個程度のオノマトペについて実験しておけば，理論上数千万通りもありうる膨大な数のオノマトペが人に与える印象を計算できる．たとえば，「ふわふわ」というオノマトペの印象は次のように計算されることになる．「ふわふわ」は，「ふわ」の反復で，最初の音節は「ハ行」＋「ウ」，2つめの音節は「ワ行」＋「ア」であるため，たとえば，「かたい―やわらかい」という評価項目については，次のような印象として計算される（式6.1）．

$$\hat{Y} = X_1(1\,音節目：子音「ハ行」)$$
$$+ X_2(1\,音節目：濁音・半濁音無し)$$
$$+ X_3(1\,音節目：拗音無し) + X_4(1\,音節目：母音「ウ」)$$
$$+ X_5(1\,音節目：小母音無し) + X_6(1\,音節目：語尾無し)$$
$$+ X_7(2\,音節目：子音「ワ行」)$$
$$+ X_8(2\,音節目：濁音・半濁音無し)$$
$$+ X_9(2\,音節目：拗音無し) + X_{10}(2\,音節目：母音「ア」)$$
$$+ X_{11}(2\,音節目：小母音無し) + X_{12}(2\,音節目：語尾無し)$$
$$+ X_{13}(反復有り) + 定数項$$
$$= 0.29 + 0.14 + 0.01 + 0.55 + -0.02 + -0.08 + 0.71 + 0.12$$
$$+ -0.07 + 0.07 + -0.02 + -0.15 + 0.23 + 4.43$$
$$= 6.28 \tag{6.1}$$

この印象予測値は，1から7までの段階での印象評価値をもとに算出している（つまり7が満点のやわらかさとなる）ため，予測値6.28は，「かたい—やわらかい」（1から7）の評価尺度で，「やわらかい」印象が強いことがわかる．実際に被験者が「ふわふわ」の印象について「かたい—やわらかい」という評価項目について回答した印象評価値の平均値は6.54だったことと比較すると，システムで予測した数値と実際の数値が近いことがわかる．各音韻がどの位置で使われたものであるかの違いも考慮されているため，「ふわふわ」と「わふわふ」は違う結果になる．**図 6.1**は「ふわふわ」の出力結果である．

ただし，出力結果は日々進化しているシステムのバージョンに依存して若干異なり，図の数字は出力の際少し補正をしているため，

6 あらゆるオノマトペを数値化するシステムへの拡張

明るい −0.35		暗い	シンプルな −0.19		複雑な
暖かい −0.36		冷たい	好きな −0.23		嫌いな
厚い	0.05	薄い	滑る −0.16		粘つく
安心な −0.11		不安な	鋭い	0.30	鈍い
良い −0.27		悪い	静的な		動的な
印象の強い −0.00		印象の弱い	洗練された −0.14		野暮な
嬉しい −0.27		悲しい	楽しい −0.27		つまらない
落ち着いた	0.00	落ち着きのない	男性的な	0.42	女性的な
快適 −0.25		不快	弾力のある −0.03		弾力のない
かたい	0.75	やわらかい	つやのある	0.01	つやのない
規則的な	0.16	不規則な	強い	0.38	弱い
きれいな −0.25		汚い	凸凹な −0.11		平らな
現代風な −0.20		古風な	なめらかな −0.24		粗い
個性的な −0.11		典型的な	伸びやすい −0.05		伸びにくい
爽やかな −0.19		うっとうしい	激しい	0.36	穏やかな
自然な −0.18		人工的な	派手な	0.13	地味な
親しみある −0.30		親しみのない	陽気な −0.25		陰気な
湿った	0.12	乾いた	洋風な −0.21		和風な
シャープな	0.36	マイルドな	若々しい −0.26		年老いた
重厚な	0.28	軽快な	高級感のある −0.08		安っぽい
上品な −0.20		下品な	抵抗のある	0.36	抵抗のない
丈夫な	0.36	脆い			

図 6.1 「ふわふわ」の出力結果

上の計算式の数字とは少し違う．経験的に，1 や −1 が満点とした時の，0.4 あるいは −0.4 より強く出ているものに注目するのがよさそうである．それよりも中心に寄っているものは，評価がはっきりしないものである可能性がある．**図 6.2** は，かたい質感を表す「かりかり」の出力結果である．

このシステムは，「このオノマトペはこのような時に使う」といった知識を使ったものではなく，言語音と印象の結びつきから意味を推定するアルゴリズムになっているため，慣習的なオノマトペよりも，**図 6.3** に示す「もふもふ」のような新オノマトペの意味の推定に有効である．「もふもふ」は，動物の毛のやわらかく，暖かい感じを表す新表現として広まったものであるが，「ふわふわ」よりもやわらかく，暖かい印象としてシステムが推定できていることがわかる．

そのほか，「かせかせ」，「がとっ」，「じゅかじゅか」，「しゅめり」，「じょがり」，「しりしり」，「ずめずめ」，「ちるちる」，「とぎょ

図 6.2 「かりかり」の出力結果

左	値	右	左	値	右
明るい	-0.44	暗い	シンプルな	-0.25	複雑な
暖かい	-0.03	冷たい	好きな	-0.14	嫌いな
厚い	0.14	薄い	滑る	-0.35	粘つく
安心な	-0.06	不安な	鋭い	-0.28	鈍い
良い	-0.17	悪い	静的な	0.15	動的な
印象の強い	-0.15	印象の弱い	洗練された	-0.13	野暮な
嬉しい	-0.18	悲しい	楽しい	-0.24	つまらない
落ち着いた	0.16	落ち着きのない	男性的な	0.15	女性的な
快適な	-0.16	不快	弾力のある	0.40	弾力のない
かたい	-0.36	やわらかい	つやのある	0.00	つやのない
規則的な	-0.15	不規則な	強い	0.04	弱い
きれいな	-0.27	汚い	凸凹な	0.01	平らな
現代風な	-0.19	古風な	なめらかな	0.13	粗い
個性的な	0.00	典型的な	伸びやすい	0.44	伸びにくい
爽やかな	-0.13	うっとうしい	激しい	0.04	穏やかな
自然な	0.11	人工的な	派手な	-0.09	地味な
親しみのある	-0.14	親しみのない	陽気な	-0.31	陰気な
湿った	0.71	乾いた	洋風な	-0.13	和風な
シャープな	-0.23	マイルドな	若々しい	-0.30	年老いた
重厚な	0.35	軽快な	高級感のある	0.05	安っぽい
上品な	-0.15	下品な	抵抗力のある	0.05	抵抗力のない
丈夫な	0.07	脆い			

図 6.2 「かりかり」の出力結果

図 6.3 「もふもふ」の出力結果

左	値	右	左	値	右
明るい	-0.28	暗い	シンプルな	-0.11	複雑な
暖かい	-0.54	冷たい	好きな	-0.30	嫌いな
厚い	-0.44	薄い	滑る	0.10	粘つく
安心な	-0.29	不安な	鋭い	0.57	鈍い
良い	-0.26	悪い	静的な	0.05	動的な
印象の強い	-0.10	印象の弱い	洗練された	0.11	野暮な
嬉しい	-0.31	悲しい	楽しい	-0.26	つまらない
落ち着いた	-0.06	落ち着きのない	男性的な	0.39	女性的な
快適な	-0.26	不快	弾力のある	-0.22	弾力のない
かたい	0.82	やわらかい	つやのある	0.17	つやのない
規則的な	0.19	不規則な	強い	0.19	弱い
きれいな	-0.13	汚い	凸凹な	-0.18	平らな
現代風な	-0.10	古風な	なめらかな	-0.30	粗い
個性的な	-0.28	典型的な	伸びやすい	-0.09	伸びにくい
爽やかな	0.07	うっとうしい	激しい	0.42	穏やかな
自然な	-0.07	人工的な	派手な	0.11	地味な
親しみのある	-0.37	親しみのない	陽気な	-0.25	陰気な
湿った	0.17	乾いた	洋風な	-0.10	和風な
シャープな	0.56	マイルドな	若々しい	-0.12	年老いた
重厚な	-0.09	軽快な	高級感のある	-0.03	安っぽい
上品な	-0.05	下品な	抵抗力のある	0.07	抵抗力のない
丈夫な	0.07	脆い			

図 6.3 「もふもふ」の出力結果

とぎょ」,「のぽー」,「ひろひろ」,「ぽれぽれ」,「むよむよ」,「もきゅん」,「りぎっ」,「るきるき」,「れとっ」,「わねわね」という新奇性の高いオノマトペを用意し,被験者9名(統計処理するには非常

に少ないが）に各オノマトペの印象を43個の評価尺度ごとに回答してもらった．これらのオノマトペをシステムで解析した結果との間の相関を分析したところ，全尺度で統計的に有意な相関が見られた．この結果から，人は新しいオノマトペに出会っても，その意味を推定することができること，さらに，その意味がシステムの解析結果と類似したものとなることから，言語音と印象の結びつきから新オノマトペの意味を推定していると考えられる．

さらに，「がしがし」，「ぎゅるぎゅる」，「くしゃくしゃ」，「ごしごし」，「ごわっ」，「さらっ」，「ざらっ」，「じゅるじゅる」，「しゃぐしゃぐ」，「ちゅるちゅる」，「つやつや」，「てろてろ」，「でこでこ」，「とげとげ」，「ぬるっ」，「ねっとり」，「ぱりぱり」，「ぴたっ」，「ふもふも」，「ぷにっ」，「ぷにゅぷにゅ」，「べちゃべちゃ」，「ぺとっ」，「ぺたっ」，「ぽそぽそ」，「ぽわっ」，「むにっ」，「もさっ」，「もわもわ」，「わふわふ」といった，すでに使用実績のあるオノマトペについても同様に11名の被験者に評価してもらった結果と，システムの推定結果を比較した．その結果，すべて統計的に有意な相関が見られた．このことから，私たちは，慣習的なオノマトペの意味も，言語音の印象から推定しているということが示唆された．

「もふもふ」と同様に，ここで紹介した新オノマトペも，今後使われるようになる可能性がある．もし普及したら，最初に使ったのは筆者である，といいたいところであるが，どこかで，だれかが，すでに使っている可能性はある．普及するかどうかは，本書の読者にもかかっているかもしれない．そこで，これら新オノマトペの中から，特に被験者の評価結果と相関の高かったオノマトペをシステムで解析した結果を掲載しておく．図6.4の「むよむよ」は，やわらかく，暖かい印象である点は「もふもふ」と似ているが，やわらかさは最大で，なめらかで，弾力のある感じを表現する時に使うの

図6.4 「むよむよ」の出力結果

左	値	中左	中右	値	右
明るい	−0.31	暗い	シンプルな	−0.01	複雑な
暖かい	−0.61	冷たい	好きな	−0.29	嫌いな
厚い	−0.47	薄い	滑る	0.06	粘つく
安心な	−0.26	不安な	鋭い	0.69	鈍い
良い	−0.25	悪い	静的な	0.06	動的な
印象の強い	−0.02	印象の弱い	洗練された	0.11	野暮な
嬉しい	−0.37	悲しい	楽しい	−0.35	つまらない
落ち着いた	0.07	落ち着きのない	男性的な	0.51	女性的な
快適	−0.25	不快	弾力のある	−0.68	弾力のない
かたい	1.00	やわらかい	つやのある	−0.27	つやのない
規則的な	0.19	不規則な	強い	0.22	弱い
きれいな	−0.15	汚い	凸凹な	−0.11	平らな
現代風な	−0.29	古風な	なめらかな	−0.65	粗い
個性的な	−0.34	典型的な	伸びやすい	−0.49	伸びにくい
爽やかな	0.16	うっとうしい	激しい	0.58	穏やかな
自然な	0.02	人工的な	派手な	0.07	地味な
親しみのある	−0.45	親しみのない	陽気な	−0.31	陰気な
湿った	−0.24	乾いた	洋風な	−0.19	和風な
シャープな	0.74	マイルドな	若々しい	−0.31	年老いた
重厚な	−0.15	軽快な	高級感のある	−0.08	安っぽい
上品な	0.01	下品な	抵抗力のある	0.04	抵抗力のない
丈夫な	0.08	脆い			

図 6.4 「むよむよ」の出力結果

図6.5 「じょがり」の出力結果

左	値	中左	中右	値	右
明るい	0.04	暗い	シンプルな	−0.05	複雑な
暖かい	0.32	冷たい	好きな	0.16	嫌いな
厚い	−0.38	薄い	滑る	−0.00	粘つく
安心な	0.16	不安な	鋭い	−0.40	鈍い
良い	0.25	悪い	静的な	0.42	動的な
印象の強い	−0.53	印象の弱い	洗練された	0.15	野暮な
嬉しい	0.06	悲しい	楽しい	−0.06	つまらない
落ち着いた	0.32	落ち着きのない	男性的な	−0.56	女性的な
快適	0.31	不快	弾力のある	0.15	弾力のない
かたい	−0.71	やわらかい	つやのある	0.28	つやのない
規則的な	0.13	不規則な	強い	−0.64	弱い
きれいな	0.13	汚い	凸凹な	−0.63	平らな
現代風な	−0.11	古風な	なめらかな	0.64	粗い
個性的な	−0.31	典型的な	伸びやすい	0.44	伸びにくい
爽やかな	0.22	うっとうしい	激しい	−0.68	穏やかな
自然な	0.19	人工的な	派手な	−0.29	地味な
親しみのある	0.16	親しみのない	陽気な	−0.01	陰気な
湿った	0.26	乾いた	洋風な	−0.10	和風な
シャープな	−0.54	マイルドな	若々しい	−0.14	年老いた
重厚な	−0.21	軽快な	高級感のある	0.21	安っぽい
上品な	0.19	下品な	抵抗力のある	−0.63	抵抗力のない
丈夫な	−0.28	脆い			

図 6.5 「じょがり」の出力結果

により適している可能性がある．図 6.5 の「じょがり」は，かたくてシャープな感じが印象深く，粗くて凹凸があり，抵抗力もあり，男性的で激しい感じの印象を表現したい時に使うとよいのかもしれ

ない.

6.2 味覚的印象を表すオノマトペを数値化するシステムも作ってみた

　食べ歩きやお料理などのテレビ番組などで，実際に食べて味わうことができない視聴者に食べた時の印象を伝えようとする際に，たとえば「さくさくして美味しい」といったオノマトペが頻繁に用いられる．そこで，4章で紹介したオノマトペの音に味や食感印象が反映されるという音象徴性に着目し，食べたり飲んだりした時に人が使用するオノマトペから，その食感や味の印象を数値化するシステムも作ってみた．これにより，味に関するオノマトペの情報を詳細に把握できるようになるため，顧客が感じた味を数値化でき，食品の開発支援への応用や食品の印象を効果的に表すネーミングを提案することが可能になると期待される．「視触覚的印象を表すオノマトペを数値化するシステム」と基本的に同じ方法で作成された．

　ただし，評価項目は，4章の飲料実験でも使われている「おいしい」，「甘い」，「苦い」，「酸っぱい」，「しょっぱい」という味を表現する5つの評価項目と，「口触り・喉ごしが良い」，「とろみがある」，「はじける感じがする」，「なめらかである」，「辛い」といったテクスチャーを表現する5つの評価項目を用意した．

　システムの構築手順は，6.1節で説明した通りである．構築した味覚的印象を表すオノマトペを数値化するシステムにオノマトペを入力して，解析した結果例を図6.6と図6.7に示す．画面上部の入力フォームに任意のオノマトペを入力すると，味覚的印象をシステムが推定し，結果をユーザに提示する．中央に，味覚に関連する評価尺度10種類を配置し，バーによって0から1での評価値を提示する．また，画面上部右上にオノマトペを形態と音韻に分解したも

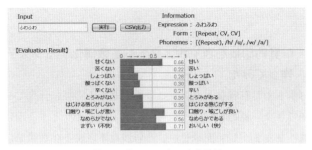

図 6.6 「ふわふわ」の出力結果

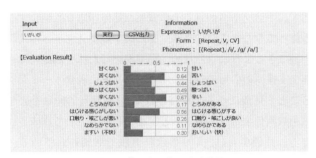

図 6.7 「いがいが」の出力結果

のを表示している．

図 6.6 は，システムに「ふわふわ」と入力した時の結果である．甘い，口触り・喉ごしが良い，おいしいという尺度が強く表されており，苦い，辛いといった要素が少ないことがわかる．図 6.7 は，「いがいが」と入力した結果である．「ふわふわ」とは対称的に苦い，辛いといった要素が強く表されており，甘さが感じられないといった結果を示している．

言語音の印象値を足し合わせるシンプルなシステムが，オノマトペが使われる多くの場面に活用できるのを感じていただけただろう

か.次節では,単純な言語音の印象値の足し算では実現が難しいオノマトペを生成するシステムについて紹介したい.

6.3 オノマトペ生成システム

オノマトペ自体の印象を推定することは,日本人ならさほど難しくないが,人に与えたい印象を与えられるオノマトペを作る場合は,いわゆる生みの苦しみがある.そこで,「もふもふ」のような新しいオノマトペを生み出すことのできるシステムも開発した(清水ら,2015).6.1節で紹介したシステムは,「もっともふもふしたものがほしい」といった顧客が求める製品の開発支援で用いられることが多いが,本節で紹介するシステムは,新商品の広告コピーや,小説や歌誌,コミックなどでのオノマトペの創作支援などでの活用を念頭において開発した(実際には,企業に使っていただくと,違う目的で使われることもあるが).新しいオノマトペを創出する時に,日本語に含まれるすべての子音・母音や,オノマトペ特有の形態を自由に組み合わせるとした場合,モーラ数が増えるにしたがって組み合わせ数は膨大な数となる.そこで,確率的探索を行うことにより,全探索が不可能と考えられる広大な解空間をもつ問題に有効とされる進化的計算の一つである遺伝的アルゴリズムを用いることとした.

遺伝的アルゴリズム(genetic algorithm, GA)は,1975年にミシガン大学のジョン・ホランド(John Henry Holland)が,ダーウィンの進化論をもとにして考案したものである.チャールズ・ダーウィンは,1831年から1836年にかけてビーグル号で地球一周する航海を行って,航海中に各地のさまざまな動植物の違いから動植物の変化の適応について新しい着想をもち,自然選択による進化理論をもとに,1859年に『種の起源』と題する本を出版したこ

とで有名である．ダーウィンの進化論の中の重要な点は，自然淘汰（自然選択）説と呼ばれるものである．

　生物がもつ性質は，同種であっても個体間に違いがあり，そのうちの一部は親から子に伝えられたものである．環境への適応に有利な形質をもつ個体がより多くの子孫を残すことができ，そうではない個体は淘汰される．また，個体は突然変異を起こす場合があり，適応度の高い個体が突然生まれることもある．これを繰り返すことで進化する．

また，ダーウィンは変異をランダムなものであると考え，進化を進歩とは違うものと考え，特定の方向性はない偶然の変異による機械論的なものと考えていたところも面白い．

つまり，「適応度の高い個体＝良い解答」と見立てて，進化の手法を使って最適な解答を見つけ出すということをコンピュータにさせるのが，遺伝的アルゴリズムである．

遺伝的アルゴリズムは，無限にありうる答えの中から，最も良さそうな答えを見つけ出したり，作り出したりすることが得意である．少し抽象的な説明になるが，遺伝的アルゴリズムは，おおよそ以下の手順で実装される：

手順1. N 個の個体をランダムに生成する．

手順2. 目的に応じた評価関数で，生成された各個体の適応度をそれぞれ計算する．

手順3. 所定の確率で，次の3つの動作のいずれかを行って，その結果を次の世代に保存する．

　　・個体を2つ選択して，それぞれの遺伝子の一部を相互に入れ替える．

- 個体を 1 つ選択して，その遺伝子の一部を突然変異させる．
- 個体を 1 つ選択して，その遺伝子を次の世代にそのままコピーする．

手順 4. 次世代の個体数が N 個になるまで上の動作を繰り返す．

手順 5. 次世代の個体数が N 個になったら，それらをすべて現世代とする．

手順 6. 手順 3 以降を所定の世代数まで繰り返し，最終的に，最も適応度の高い個体を解として出力する．

このような遺伝的アルゴリズムの考え方は，ゲームや株取引，飛行経路の最適化，航空機の翼の大きさの最適化，などさまざまなことに用いられている．余談ではあるが，筆者は本書執筆現在，女優の菊川怜さんと同じ芸能事務所に所属している。彼女は，東京大学理科 I 類（工学部）を 1999 年度に卒業した際，「遺伝的アルゴリズムを適用したコンクリートの要求性能型の調合設計に関する研究」と題する卒業論文を書いている．コンクリートは，コンクリートの組成物質の砂やセメント，水の混合比で強度が変化するため，遺伝的アルゴリズムで最適な調合法を見つけようというものだったようである．

筆者の研究室では，この遺伝的アルゴリズムを応用して，「オノマトペ生成システム」を作成した．遺伝的アルゴリズムでオノマトペを作るという試みは，管見の限りでは世界中で筆者の研究室だけのはずである．

データベースなどに登録されている既知のオノマトペから探しだすような辞書的なシステムではなく，ユーザの入力した印象評価値に適合した音韻と形態をもつオノマトペ表現を生成する．一つひと

つのオノマトペ表現を個体とみなして，ユーザがどんな印象になるオノマトペを作りたいか，を「明るい度3」などと入力した数値を目的として，遺伝的アルゴリズムで最適オノマトペ個体群を作る，というものである．遺伝的アルゴリズムによる選択・淘汰を繰り返すことによって，最終的にユーザの印象評価値に適したオノマトペ表現の候補が得られる．手順は以下のようになる．

● 手順1

オノマトペ表現を遺伝的アルゴリズムへと適用するために，遺伝子個体を模した数値配列データで，オノマトペ表現を扱えるようにした．オノマトペ遺伝子個体の配列は，17列の整数値データ（0から9の範囲）からなる．配列の各列がオノマトペを構成する要素に対応し，各列の数値が構成要素の種類や有無などを決定する．配列の数値がすべて決定されるとオノマトペ表現が一つ決定される．

● 手順2

システムの起動時にシステム内部で無作為に生成された初期オノマトペ個体群を，ユーザが入力した印象評価値を目的として選択・淘汰していく．遺伝的アルゴリズムは，アルゴリズム内における世代ごとに，目的関数と呼ばれる関数を用いて各個体の適応度を算出し，適応度の低い，すなわち最適ではない遺伝子個体を淘汰してゆく．世代ごとに自然淘汰を繰り返すことにより，最終的に残る遺伝子個体すなわちオノマトペ表現は，ユーザの入力したイメージに適合した表現となることが見込まれる．この最適化の過程で行われることについて説明する．

① 適応度計算：ユーザが入力した印象評価値と，オノマトペ個体群の遺伝子個体すなわちオノマトペ表現の印象評価値と

の類似度（コサイン類似度）を計算する．ここで，個体群におけるオノマトペ表現の印象評価値を算出するために，6.1節で説明したオノマトペを数値化するシステムを用いる．これを使うことで，あらゆるオノマトペの意味を数値化できるため，この数値と，ユーザの求める印象との類似度を比較する．

② 遺伝子個体の淘汰の方法として，適応度をもとにした選択・交叉を行う．これは，適応度の高い遺伝子個体が次の世代に残るように親となる個体を選択し，交叉によって子となる個体を生み出す操作である．このシステムでは適応度の高い個体2つを親個体として選択して，子個体を2つ生成した後，適応度の最も低い個体2つを子個体と置き換えることによって，適応度の低い個体を淘汰していく方法を取っている．

③ 親個体の選択手法として，適応度に比例した選択を行う．これは，全個体の適応度を用い，ある遺伝子個体が親として選択される確率が，その個体の適応度に比例するようにする手法である．適応度が高い個体であるほど親として選択される確率が高まるため，オノマトペ群全体として適応度が高くなりやすくなる．

④ 子となる個体は，親個体の交叉によって生まれる．遺伝子個体の交叉とは，選択によって選ばれた親個体の遺伝子配列の一部を採り，そこから子個体の遺伝子配列を作り出す操作のことをいう．このシステムでは，最も基本的な交叉である1点交叉を採用している．1点交叉では，遺伝子配列上の無作為な位置に交叉点をとり，その前後で親個体の遺伝子配列を入れ替える．交叉によって親個体の特性をある程度受け継ぎつつ，新しい特性をもった個体が生成される．

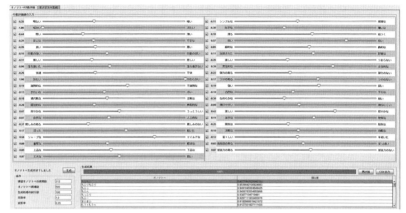

図6.8　オノマトペ生成システムの解析結果

⑤ 最後に，システムには遺伝子個体の突然変異を導入する．突然変異とは，一定の確率で遺伝子個体に無作為な変化を与えることで，その時点でのオノマトペ群には存在しない特性をもちうる遺伝子個体を新たに生じさせる操作である．突然変異の導入により，新奇性があり，変化に富んだオノマトペ表現の候補が生成できる．

ここまでやや専門的な説明が続いたが，完成したシステムの挙動を，ご覧いただこう．**図6.8**は，生成システムの出力結果例である．画面上部の43対の両極評価尺度に対応するスライダで，求める印象の評価値を入力し生成処理を実行すると，画面右下部のテーブルに生成されたオノマトペ表現とその類似度が出力される．また，画面左下部の条件入力フォームでは，初期個体として使用する慣習的なオノマトペの個数，遺伝的アルゴリズムで使用するオノマトペの全個体数，何世代処理を繰り返すか，交叉の発生確率や突然

変異の発生確率を指定できる．6.1 節で紹介したオノマトペを数値化するシステムと統合されており，左上のタブで切り替えて評価と生成を繰り返すことができる．たとえば，図 6.8 は，「もふもふ」の数値化結果からスタートし，「もふもふ」よりもっとやわらかくて暖かい印象のオノマトペがないか，やわらかさと暖かさを最大にして，生成システムにかけてみた結果である．

　結果は，1 位「もふもふ」，2 位「もふりもふり」，3 位「もふっ」，4 位「もふん」，5 位「もっふり」，6 位「もふー」，7 位「まふまふ」となった．1 位のオノマトペが入力された数値と類似度が 97% の新オノマトペであり，7 位の新オノマトペでも 91% の類似度となっている．「もふもふ」よりもっとやわらかくて暖かいオノマトペを探してみたのであるが，やはり「もふもふ」は，最強なのかもしれない．しかし，「もふもふ」は普及しすぎてしまったから，新たに新オノマトペを探したい，という時には，この生成システムで出力される候補がインスピレーションを与えてくれる．実は，7 位の「まふまふ」というオノマトペは，筆者が 2015 年にモデルでタレントの浜島直子さんのラジオ番組に出演させていただいた時に，浜島直子さんが，「ペットにまふまふしてるんです〜」というように使われていたのが印象的だった．その時も，なるほど，と思ったが，やはり「もふもふ」の仲間だったようである．

　生成システムで作られるオノマトペが，それらしいものになっているのかどうかを確認するために，システムの評価実験を行った．日本語を母語とする 21 歳から 29 歳までの学生 18 名（男性 12 名・女性 6 名）に，16 尺度に対する印象評価値を自由に入力してもらった（43 尺度すべて行うと大変なためである）．動かす評価値の数，評価値を動かす幅は自由であることを伝えた．その評価値を入力として，オノマトペの生成処理を 1000 世代に設定して実行した．オ

ノマトペの生成処理が終了した後，生成されたオノマトペのうちで最も類似度の高いオノマトペが印象評価値に適合しているかについて，被験者に評価してもらった．「まったくあてはまらない」を 1，「とてもあてはまる」を 7，「どちらともいえない」を 4，の全 7 段階による評価である．さらに被験者には，生成されたオノマトペのうち，類似度上位 3 つのオノマトペに関して，最も印象評価値に近いと思うものを選択してもらった．以上の手順を，各被験者について 5 回ずつ行った．

　実験の結果，全 90 個の評価値の平均は 4.54，標準偏差は 1.74 となり，生成システムは印象評価値にある程度あてはまるオノマトペを生成していると評価されたことが示された．類似度上位 3 個のオノマトペのうち，類似度が最も高いオノマトペが印象評価値と最もあてはまると評価された回答が全 90 個中 35 件，類似度が 2 番目に高いオノマトペが印象評価値と最もあてはまると評価された回答全 90 個中 30 件，類似度が 3 番目に高いオノマトペが印象評価値と最もあてはまると評価された回答が全 90 個中 25 件であった．このことから，類似度が高いオノマトペほど，被験者の印象と適合しやすい傾向にあることがわかった．

　人が「もふもふ」のような新オノマトペを生み出す時には，1000 回も試行錯誤して適合度を計算しているとは思えない．人は瞬時に新しいオノマトペを生み出すことができる．そして，瞬時に生み出したオノマトペが，言語音の印象の足し算で計算される推定値と適合していることは，試行錯誤することなく，瞬時に頭の中にあるデータベースを用いて適切な音を組み合わせて新オノマトペ生み出す素晴らしい能力をもっているといえる．

6.4 オノマトペを数値化するシステムからわかる認知メカニズム

6.4.1 音象徴性は生得的? 後天的?

「もふもふ」は,「も」と結びつく意味,「ふ」と結びつく意味,その繰り返しによって生まれる意味の組み合わせでできているとすると,そのような言語音と意味の結びつきはどのようにして成立するのであろうか.

この背景にはさまざまな可能性があるが,オノマトペの言語音や形(繰り返しの有無など)と意味の間に,言語や文化を超えて普遍的な何らかの関係性が見られるという音象徴性が働いているのではないかと考えられる.音象徴性については,2章で紹介したように,言語学や心理学で古くから研究が盛んに行われている.ブーバ・キキ効果という有名な現象を示した実験では,アメーバのような丸く広がりのある図形と星のようなとがった図形を被験者に提示し,「どちらがブーバでどちらがキキか?」と尋ねると,言語文化を超えてさまざまな年齢性別の人が,おおよそアメーバ図形の方をブーバで,星形図形の方をキキと答える,という傾向があることはすでに述べたとおりである.「ブーバ」という音の響き,あるいは「ブーバ」と発音する時の口の開きとアメーバ状の図形の形状,「キキ」という音の響き,あるいは「キキ」と発音する時の口の狭め方と星形図形の形状に関連性を感じるためではないか,と考えられている.このような,言語音と視覚的な形を対応付ける人の傾向については多くの実験で確認されているが,筆者は,言語音と触感覚の間にもある程度普遍的な結びつきが見られるのではないかと考えている.国際会議で,さまざまな国の人に,やわらかい枕の中に入れるようなウレタン素材とかたい人工芝の素材を触ってもらい,「どちらが「もまもま」でどちらが「ごがごが」か?」と尋ねたと

ころ，約80％の人がウレタン素材を「もまもま」，人工芝を「ごがごが」と答えていた（Doizaki *et al.*, 2017）．「もふもふ」から我々が共通のイメージをもてるのは，このような言語を超えた普遍的な我々がもっている能力によるものなのかもしれない．この能力は，そのような言葉を発音する時に必然的に口の開きが所定のものになる，という生得性に起因するのかもしれないが，オノマトペが豊富な言語である日本語を話す人は，言語音や形と意味の結びつきが強固になっている可能性がある．「ふわふわ」「ふにゃふにゃ」「ふかふか」というように，やわらかいもの表すオノマトペに「ふ」が使われるという経験，「もこもこ」「もわもわ」「もちもち」というように，暖かみのあるものに「も」が使われるという経験によって，「ふ」と「も」のイメージが形成され，それを組み合わせれば，既存のオノマトペにない，やわらかさと暖かさを兼ね備えた感じを表すことができるのではないか，というインスピレーションが生まれやすいのであろう．

　オノマトペの音や形と意味の関係が，言語的背景によらず一定であるとすると，日本語のオノマトペが表すイメージも，なんとなく日本語話者以外にも伝わってもよさそうであるが，実際には日本語のオノマトペの習得は日本語話者以外には難しいとされる．日本語のオノマトペには経験によって蓄積された言語音や形と意味との結びつきが重要で，幼いころからたくさんのオノマトペに触れることで「もふもふ」という新しい音の組み合わせで感じたことを豊かに表現できるし，新しいオノマトペで，それまで気づかなかった質感を発見できるかもしれないと思うと，日本語話者に生まれて，得をした気持ちになる．

6.4.2　真正オノマトペと境界オノマトペ

　実は，本章で紹介したシステムは，音から視覚や触覚などのほかの感覚への一種の共感覚的な拡張に基づくオノマトペや，音の印象の足し算で意味を推定せざるをえないような新奇性の高いオノマトペについては高い推定精度を誇っているが，「うきうき」「わくわく」といった，オノマトペと一般的に思われているが実は「疑似オノマトペ」である表現の意味は適切に数値化できない．**図 6.9** は，「うきうき」の出力結果であるが，「嬉しい」「楽しい」といった尺度がそれほど強く出ず，「不快」側に出てしまっている．

　オノマトペの定義自体，いまだに言語学者の間でも定まっていない難しい問題であるが，筆者が考える，音象徴に基づく本来のオノマトペは，典型的には音を表す用法からの拡張である．たとえば，「さらさら」というオノマトペは，もともとは，笹の葉など渇いたものの表面でものがすべる音である．そこから，乾いた皮膚に触れた時の渇いているという感覚，潤いがない様子が感覚経験の同期

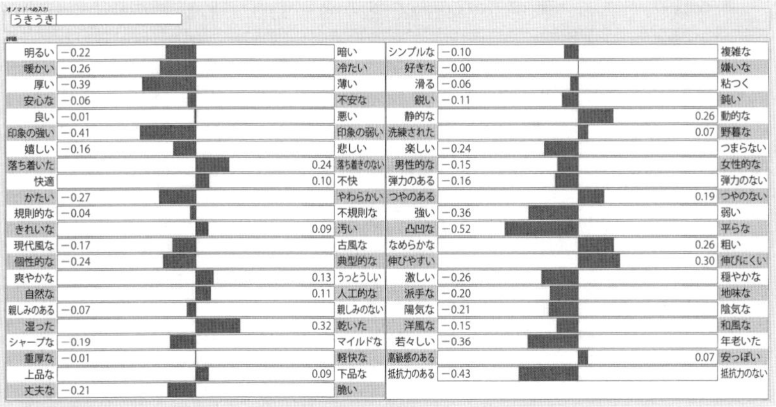

図 6.9　「うきうき」の出力結果

によって手触りを表す用法へと意味拡張したと考えられる（大澤 2007）．

　角岡（2007）によれば，オノマトペは，語源を辿ってみなければ客観的にオノマトペであるかそうでないかという判断ができない場合があり，音韻の反復があるなど，オノマトペ固有のパターンが備わることによって，あたかもオノマトペであるかのような効果を創出している「境界オノマトペ」や「疑似オノマトペ」と呼ばれるものがあるとされる．このような表現は，「はるばる」や「ほのぼの」のように，それぞれ「はるかだ」「ほのかだ」という形容動詞の語幹の一部を反復することによって形成されていたり，「うきうき」や「わくわく」のように「浮く」や「湧く」という動詞から派生していたり，「もやもや」のように「靄」という名詞から派生している．

　日本語のオノマトペは主に，名詞や動詞などとは異なり，独自の語源をもっている．擬音語は，語源が明確である．擬音語は，実際に発せられた音を模したものであるからである．それに対し，擬態語は，様態を表現しているので，語源と表現形式の関係は擬音語よりも曖昧である．擬態語の語源を辿ると，動詞・形容動詞などから派生しているものがある．

　また，漢語起源の擬態語である擬似オノマトペのうち，かなで表記されることが多く，漢語起源という語源が日本語話者にとって辿りにくくなっている語彙は「かな擬似オノマトペ」と分類されている（角岡，2004）．たとえば，「まざまざしい」という形容詞から派生した「まざまざ」などがある．境界オノマトペの例として前述した「はるばる」や「ほのぼの」も含まれる．

　以上のオノマトペの関係図は**図 6.10** として描かれている．図 6.10 の「真正オノマトペ」とは語の成立当初から，擬音語・擬態語であった語彙のことである．また，「真正オノマトペ」と「境界オノマ

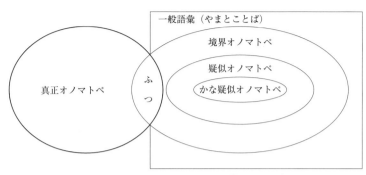

図 6.10　オノマトペの相互関係図（角岡, 2004）

トペ」で重なっている部分は，「ふ」「つ」などのように語基そのままの形であったり，規範的な語形から大きく外れているために「オノマトペらしくない」響きのする語類である．このように，一見オノマトペのような語感を示すが，語源を辿ると一般語彙に行き着く例は広い範囲にわたって分布している．

　一見，オノマトペのような語感を示すが，語源を辿ると一般語彙からの派生であるものは，音からの拡張ではないため，音韻印象の線形和で意味を推定するシステムでは扱うのが難しいのである．

　実は，一般的に，使用頻度が高く，オノマトペの典型例だと思われている感情を表す時に使われる表現は，真正オノマトペではない場合が多い．たとえば，「あきあき」「ひやひや」「いやいや」「しょんぼり」「うつうつ」「うっとり」「ぷんぷん」「ほれぼれ」「むかっ」「もんもん」「にこにこ」などがある．

　では，6.1 節で紹介したオノマトペを数値化するシステムは，感情を表すオノマトペは扱えないのかという感情や情動から生じる叫びに近いようなオノマトペは直感に合うような処理ができそうである．**図 6.11** は「きゃぴきゃぴ」の出力結果である．「うきうき」に

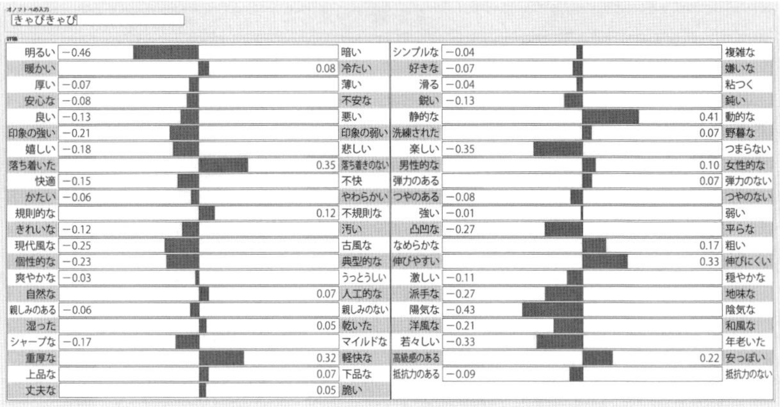

図 6.11 「きゃぴきゃぴ」の出力結果

近い意味であるが,「きゃー」といった黄色い声から派生したものであると考えられる.「明るい」「落ち着きのない」「軽快な」「動的な」「楽しい」「陽気な」「若々しい」という数値が高く出ている.

6.4.3 生得性と学習に支えられるオノマトペ能力

そもそも人はどのようにオノマトペを理解したり生成したりしているのであろうか.真正オノマトペかそうでないかを区別して処理しているとは考えにくい.真正オノマトペの場合でも,ブーバ・キキ効果のような音象徴的処理のみがされているわけではなく,学習によって獲得された知識が影響していると思われる.言語文化・性別・年齢を超えて普遍的とされる音象徴によって通常のオノマトペが処理されるのであれば,外国人にもオノマトペは理解されるはずであるが,実際には,日本語学習者にとってオノマトペの用例を習得するのは難しい (Ivanova, 2006).とはいえ,心理学分野での音象徴性に関する実験的研究では,オノマトペを構成する音韻の音

象徴性について生得的な性質が示されている．たとえば，Imai *et al.*（2008）では，音象徴語を知らない2歳と3歳の子供を対象として音象徴語と模倣行動の関係性を調べた結果，82%の正答率で音象徴語と模倣行動が合致していることを示している．特に，このような傾向は日本語を知らない英語のネイティブスピーカーからも報告されている．一方，近年の研究では，生後4か月の乳児においてもブーバ・キキ現象が確認され，音象徴語が生後14ヶ月の乳児の言語学習を促進する効果があるということも報告されている（Ozturk *et al.*, 2013; Imai *et al.*, 2015）．つまり，オノマトペには，言語．文化を越えて生得的にもっているかもしれないような，普遍性のある音象徴的イメージと，どのように用いられるかに関する学習によって獲得される知識が融合していると考えられる．本章で紹介したシステムが参照している印象評価値のデータテーブルは，「ぷにぷに」といった日本人であればどのような意味かイメージが湧く312語のオノマトペの印象評価データをもとに算出したカテゴリ数量によるものであるため，学習により獲得された意味を反映したものとなっている．音象徴的イメージと，どのように用いられるかに関する学習によって獲得される知識を融合させる方法について検討を進めるという方向は，工学的なアプローチによるオノマトペ研究の一つの選択肢といえる．

オノマトペを数値化する
システムの産業応用

　手触りや見た目といった，知覚による印象の快・不快や高級感や自然感といったより高次の感性的印象を表すオノマトペを数値化するシステムは，見た目や手触りを通して感じる質感が大切な製品開発をしている企業からの要望に応えたいという背景から生まれた．本章では，このシステムが，実際にどのように産業で役立つのか，実例を紹介したい．

7.1 模造金属を実金属に近づけるデザイン提案
7.1.1 なぜオノマトペ？

　近年，電気製品や自動車のインテリアなどの加飾パネルに，樹脂から成る模造金属が用いられることが増えている．模造金属は実金属と比べて軽量かつ低コストというメリットがあるが，実金属と比べ，高級感がやや劣るように感じられたりする場合がある．模造金属には，実金属に見えるように検討された金属調のテクスチャーが施されているが，模造金属の表面に実金属のようなテクスチャーを

施しても，模造金属は実金属としばしば異なるように見えてしまう．そこで，より実金属のように見えるテクスチャーデザインを探るため，2012年から2013年にかけて，オノマトペを数値化するシステムを金属調加飾デザイン支援へと応用する産学連携共同研究を実施した．以下では，NHK総合「クローズアップ現代」で紹介され，国際ジャーナルにも掲載された研究事例（Sakamoto et al., 2016）を紹介する．

ある日，企業で金属調加飾デザインの開発を担当する人が研究室を訪れた．大きなジュラルミンケースを開くと，名刺サイズの金属パネルがずらっと並んでいた．実金属のような質感を模造金属に施すために，「もっとつるっとした質感にしたい」といったオノマトペが用いられることが多いが，感覚的過ぎてわからないため，オノマトペを数値化できないか，というものだった．当初，そのような用途でシステムを用いることは想定していなかったし，そもそも，模造金属か実金属かを区別することすら難しいほど精巧にできているサンプルを目にして，これらの質感を表現するオノマトペに，何か違いが表れるのか自信がなかった．そこで，研究室の学生達と，模造金属と実金属の両方があると思われる大手家電量販店を訪れた．質感をオノマトペで表現しながら，さまざまな商品を見て回った．ゴルフクラブが売られているフロアに行ったところ，実金属のゴルフクラブの質感と，そのクラブが入っている銀色に塗られたプラスチックの入れ物の質感は，それぞれ違うオノマトペで表現されそうに感じた．何らかの成果が出せそうな自信と好奇心が湧いてきて，共同研究の依頼を受けることにした．

7.1.2 質感とは？

そもそも，「質感」とは何だろうか，どのような要因によって人

の質感の認識が生じるのか，その認知メカニズムの解明は科学的に重要な課題である．筆者は，2011年から2020年の10年間にわたって，科学研究費補助金新学術領域研究で，脳科学，医学，工学，心理学などの研究者が連携して質感をテーマに学際的研究を行うプロジェクトに参画している．私たちは，日常的に視覚や聴覚，触覚という感覚を介して，外界の事物の質感を認知しており，このような質感認知の機能によって，その物体がどのような素材でできているか，金属か，ガラスか，木か，石か，革かといったことを容易かつ正確に判断している．人の質感認知のメカニズムは，未解明な部分も多く，まさに神秘的である．

このような質感認知に関する先行研究では，人の主観評価データを取得する際に，SD法が用いられることが多い．永野ら（2011）では，質感認知に関する先行研究から得られた材質感因子をまとめ，「粗い/なめらかな」，「かたい/やわらかい」，「冷たい/温かい」という3因子が共通して多く見られるといった報告をしている．

さらに，質感認知は，素材の認識や表面特性の材質判断という役割を果たす一方で，嗜好や情動に関わる重要な側面をもっているとされている．たとえば，漆器のもつ美しい光沢や陶器の釉薬が作る微妙な色合いは，素材や表面の状態の判断が快・不快の情動を生み出し，その物の価値判断や意思決定にまで影響するとされる．材質感因子の先行研究でも，「気持ちのよい」，「好きな」，「快い」などの感性的な因子が抽出されている．

つまり，質感認知とは，素材の認識や表面特性の材質判断という役割と，快・不快や情動の変化といった感性判断という2つの重要な側面をもっている．従来の質感評価に関する研究では，被験者の質感情報を把握する方法として，あらかじめ設定された形容詞を評価尺度としたSD法や多次元尺度構成法を主に用いている．これら

の方法では,あらかじめ定量化された評価尺度で質感を評価することで,素材の物理特性との対応を取れる一方で,素材から喚起される「好き・嫌い」や「快・不快」といった個人差がある感性的な側面を測定することが難しい.

また,あらかじめ設定された形容詞対で質感を表現するため,素材に対してもつ質感イメージが形容詞の種類と幅によって制約を受けるといった問題があった.それに対し,質感を表す時に直感的に用いられるオノマトペには,快・不快といった情動も反映されるという強みがあることは,4章で紹介した実験などからも示されている通りである.

このような背景で,オノマトペを用いて実金属と模造金属の質感をオノマトペ表現してもらう,という研究を開始したが,この研究では,「実素材」を使って,見た目を被験者に評価してもらう実験を実施したい,という難しさがあった.視覚的な質感評価の実験は,環境の影響などを受けにくく,再現性のある画像化したデータで実施することが多い.しかし,評価の対象となる金属類は,自動車の内装で用いられるものであることから,人が肉眼で見る実素材である.そこで,筆者らの研究では,実物の実金属と模造金属を用いた.そうすることで,リアルな金属の質感に関する実験結果を求めることができると考えた.また,評価にオノマトペを用いることで,主観的な評価を取得できるのではないかと考えた.デザイン開発に携わる専門家と顧客となる一般人の両方を被験者とすることで,双方の見方の差や共通点にも配慮することとした.

7.1.3 実金属と模造金属から感じる質感

こうしてスタートした実験で用いた素材は,実金属15種類と各実金属と同じデザインが施された模造金属15種類の計30個であっ

た.**図 7.1** は実験刺激例である.

実験では,実金属から想起されるオノマトペと模造金属から想起されるオノマトペを被験者に回答してもらった.そして,オノマトペの数と種類を比較することで,被験者が実金属と模造金属から感じる質感の違いが,何らかの形でオノマトペに表れるのかを調べた.被験者は,金属調加飾デザインを扱う部署に 5 年以上勤務している専門家と,特別な金属との関わりをもたない非専門家だった.専門性が関係しそうな実験では,専門家と非専門家での違いを見ることも重要である.また,ライトは色温度 5500 K のものを使用し,日常で金属を目にする環境に近い形のもと実験を行った.

2012 年 11 月,照明の色温度は 5500 K のものを使用し,日常で金属を目にする環境に近いように配慮した実験環境の下,被験者にイスに座ってもらい**図 7.2**(b) のような姿勢で,額(ひたい)を指定した位置につけた状態で実験刺激を観察してもらった.被験者は金属調加飾デザインを扱う部署に 5 年以上勤務している専門家 20 名と,特別な金属との関わりをもたない非専門家 30 名だった.実金属と実金属と同じデザインの模造金属の 2 素材を 1 組とし,全部で 15 種類,2

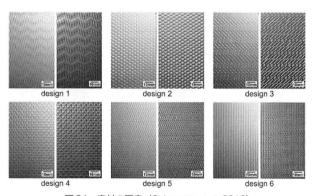

図 7.1　素材の写真(Sakamoto *et al.* 2016)

図 7.2 実験の様子（Sakamoto *et al*. 2016）

つずつ提示した．被験者には実金属および模造金属を観察し感じたままを，口頭でオノマトペを回答してもらった．回答時間の制限は20秒とし，時間内で思いつく限りのオノマトペを答えてもらった．なお，オノマトペとは何かがわからない被験者が多いと思われたため，実験を行う前にあらかじめオノマトペの例を載せた紙を提示した．また，実金属および模造金属の見た目の違いを分析対象としているため，被験者には素材には触れずに回答してもらった．

7.1.4 実金属からはオノマトペが想起されやすかった

被験者ごとに実金属と模造金属から得られたオノマトペの数を集計した．その後，専門家から得られた実験データと非専門家から得られた実験データに分けて，実金属と模造金属から得られたオノマトペの平均個数を集計した．2グループそれぞれの中で，実金属から得られたオノマトペの平均個数と模造金属から得られたオノマトペの平均個数の間に統計的な有意差があるかを比較した．その後，専門家，非専門家の区別なくすべての被験者の実験データについて，実金属から得られたオノマトペの平均個数と模造金属から得られたオノマトペの平均個数の間も同様に比較した．その結果，非専

門家でも専門家でも，模造金属からよりも，実金属からの方が，有意に多くのオノマトペを回答していることがわかった．その原因の解明には至っていないが，オノマトペは人の感性的質感認知を直接的にとらえるものとされることから，実金属は模造金属よりも人の感性に訴求しやすいからなのではないか，というのが現在の私の仮説である．

7.1.5 非専門家は見た目から手触りを想起していた

次に，15種類のデザインについて非専門家が回答したオノマトペと専門家が回答したオノマトペを比べてみた．表7.1はそのデータの一部である．

このデータを眺めていたところ，非専門家は，手触りを表す時にも使うような「ざらざら」といったオノマトペを回答しているのに対し，専門家は，手触りを表す時には使わないような「うねうね」といったオノマトペを回答したりしていることに気づいた．そこで，非専門家と専門家で，どちらの方が手触りを表すオノマトペを回答する傾向があるか，統計的検定を行った．その結果，予想通り，非専門家の方が専門家よりも手触りを表すオノマトペを回答しやすいことがわかった．一方，専門家は見た目を表すオノマトペを多く想起していることがわかった．専門家は，デザイン関係の業務を日ごろから行っており，視覚的なデザインに注意が行きやすかったのに対し，一般の人は，見た目から，「触ってみたらどんな感じがしそうか」を，思い浮かべるのではないかと考えた．

7.1.6 オノマトペを数値化するシステムでデザインの最適化

回答されたオノマトペを，オノマトペを数値化するシステムで解析してみた．15種類のデザインそれぞれについて，実金属から最

表7.1 非専門家と専門家が回答したオノマトペの違い

	非専門家		専門家	
デザイン番号	実金属	模造金属	実金属	模造金属
1	ざらざら	つるつる	うねうね	さらさら
2	ぼこぼこ	つるつる	きらきら	さらさら
3	ざくざく	ぴかぴか	かくかく	きらきら
4	ぼこぼこ	つるつる	ぎらぎら	きらきら
5	ざらざら	つるつる	ぎらぎら	きらきら
6	ざくざく	さらさら	ざらざら	つるつる
7	ざらざら	さらさら	うねうね	ざらざら
8	ざらざら	さらさら	ざらざら	さらさら
9	ざらざら	さらさら	ぎらぎら	きらきら
10	ぼこぼこ	さらさら	きらきら	ざらざら
11	ざらざら	つるつる	ぎざぎざ	さらさら
12	ざらざら	さらさら	うねうね	ざらざら
13	つるつる	つるつる	ざらざら	さらさら
14	つるつる	つるつる	さらさら	さらさら
15	つるつる	つるつる	つるつる	つるつる

も多く想起されたオノマトペと模造金属から最も多く想起されたオノマトペを特定した．特定された各オノマトペを，6章で紹介したオノマトペを数値化するシステムに入力し，43種類の評価尺度ごとに比較した．**表7.2**に解析結果の一部（デザイン1の場合）を示す．

比較の仕方のイメージとしては**図7.3**のようになる．このようにして，実金属と模造金属から得られたオノマトペについて，それぞれの尺度の評価値の差の絶対値を分析した結果，「なめらかな—粗い」，「重厚な—軽快な」，「きれいな—汚い」，「湿った—乾いた」の

表7.2 非専門家のデザイン1のシステム値とその差

	実金属	模造金属	実物−模造
尺度（1←：→7）	ざらざら	つるつる	差
暖かい―冷たい	4.76	3.88	0.88
湿った―乾いた	5.15	3.47	1.68
なめらかな―粗い	4.90	2.75	2.15

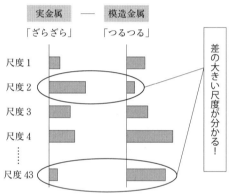

図7.3 実金属と模造金属の出力結果の比較イメージ図

順で，実金属と模造金属に差があることがわかった．

実金属と模造金属との間で最も大きい差が出た評価尺度のうち，デザインの作り直しが行いやすい尺度であった「なめらかな―粗い」に着目した．そして，企業に例として，デザイン6をシステムの解析結果にもとづきより実金属に近づくように，模造金属のデザインの再作成を行ってもらった．システムの解析結果から，人間は表面のデザインが同じであっても，実金属を模造金属より「粗い」と評価する傾向がある，と予測した．もともとのデザイン6では，実金属も模造金属も，ともに深さ0.2 mmの幾何学パターンのテク

スチャーが施されていた.そこで,模造金属をより実金属に近く見えるようにするために,模造金属のテクスチャーの幾何学パターンの深さを 0.6 mm にしたものと,0.4 mm にしたものの 2 種類を用意した.

デザイン 6 の実金属と,深さを増して新たに試作した模造金属を用いて,再度被験者実験を行った.実験は,先ほどと同様の実験手順で行った.被験者は観測箱の前に座り,額を観測箱の上部に軽く当て,**図 7.4** に示す実験素材を観察した.中央に実金属を置き,最初の実験に用いたもともとの模造金属と,新たに試作した模造金属を両側に置いて比較してもらった.どちらの模造金属を右,または左に置くかは,被験者ごとにランダムにした.被験者は,左右のサンプルのうち,どちらが中央のサンプルに近く見えるかを回答した.模造金属の幾何学パターンの深さ 0.2 mm, 0.4 mm, 0.6 mm についてこの実験を行った.

実験の結果,全被験者が深さ 0.6 mm の模造金属が最も実金属に近く見えると回答した.この結果から,実金属と模造金属から回答されるオノマトペを,オノマトペを数値化するシステムで解析する

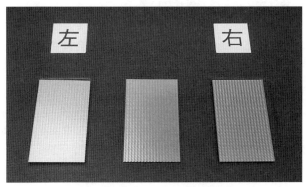

図 7.4 実金属(中央)と模造金属の提示例

ことで，模造金属の視覚的印象をより実金属に近づけるような加飾デザイン支援が行えることが示された．

テレビでは，実験の様子や，企業の方のコメントも放送された．放送されてすぐに，オノマトペを数値化するシステムの存在をもともと知っていた研究者らから，このシステムがこんな使い方ができるとは驚いた，といったメールをもらった．私自身，このような応用の仕方ができることは，企業から相談を受けなければ気づかなかったし，実験サンプルがなければ実施もできなかったと思い，産学連携共同研究の面白さを実感できた．ものづくりの現場で，日々オノマトペを使っている企業の人ならではの気づきが，このシステムの産業応用を実現したのだと思われる．

この方法は，金属調加飾デザインだけでなく，さまざまな素材に応用できる．すでに，市場価値の異なる真珠や金，漆を対象とした実験を研究室で行っている（權ら，2018）．「真贋判定」へのオノマトペを数値化するシステムの応用は面白いと感じている．

7.2 商品イメージを強調する色が提案できる
7.2.1 色はオノマトペで表せない？

オノマトペを数値化するシステムを応用して，色を提案するシステムも作った．このシステムについて国際会議で発表したところ，「色はオノマトペで表せないから，色についてオノマトペでアプローチするのはおかしい」という指摘を受けたことがある．はたしてそうだろうか？ 確かに，「どんな質感ですか？」と聞かれれば，「さらさらした質感です」と，オノマトペで答えるのが自然であるのに対し，「どんな色ですか？」と聞かれて，「さらさらした色です」とは答えないだろう．しかし，オノマトペから色を出せるようにすると，実は産業界で役に立つようである．

商品を売る時には，商品を入れるパッケージが必要なことが多い．自販機に入れられている飲み物は，飲み物そのままが出てくるのではなく，缶や瓶などのパッケージに入っている．ほとんど同じコーヒーが，さまざまな色の缶に入っている．コンビニで売られている商品も，さまざまな色のパッケージに入っている．スーパーやドラッグストアに売られているヘアケア製品など日用品もそうだし，1つ10万円もするような高機能クリームもそうだ．缶コーヒーのパッケージでよく使われている色は黒や茶色や金色，たまに青系であるが，お茶のパッケージでよく使われている色は緑が多い．中に入っている飲み物の特徴を表すために選ばれている色である．商品そのものの色をパッケージに使うだけでなく，商品の高級感など価値観を色で伝えようとしている場合も多い．女性であれば，化粧品のブランドによって，ブランドカラーが違うことを知っているだろう．高級化粧品に使われやすい色は黒やゴールドが多いのではないか．実際，化粧品についてのメディア接触調査などでは，「ゴールドが使われていたから高級な感じがした」など，色と高級感など価値を結びつける記述が目立つことがある．筆者は2004年から2011年まで，大学での本務の傍ら，広告代理店の客員研究員もしていたが，パッケージは，単なる入れ物，というだけでなく，商品の特徴を消費者に伝える重要な役割を果たしていることは，マーケティング業界では常識であり，パッケージのデザインは，マーケターの重要な仕事の一つである．

　本節で紹介する「オノマトペから色を提案するシステム」は，このようなマーケティングなどでも貢献できるものである．商品の「さっぱり」感を顧客に伝えたい時には何色を使えばいいのか？「しっとり」感を伝えたい場合はどうしたらいいのか？このような要望に応えられるシステムである．

7.2.2 色は質感を強調する

　私たちは,「ピンク色」から「かわいい」といった感情をもったり,「赤」で「怒り」といった感情を表現したりすることがある. 色には, 人にイメージを伝える効果もある. 同じ大きさのものが異なった大きさに見えたり, 暖かい感じや涼しい感じといった印象を受けることがある. 色にどのような感情をもつかは, 人によって異なるが, ある程度傾向はあるようである. これは知覚によって生じることから, 色彩の知覚感情と呼ばれている (千々岩, 2001).

　1990年代以前は, 色彩感情効果と呼ばれていた. この色彩感情効果の研究成果を取り入れた色彩感情色空間を作ろうとする試みが, 1970年代から1980年代に数多くの研究者によって行われていた. それらの研究の結果, マンセル (Albert H. Munsell) の色票を使用した3次元の空間が想定され, それぞれの軸に主要な感情効果が当てはめられた. 1つ目は色の寒暖や興奮沈静など, 2つ目は強弱や軽重, 3つ目は好悪や美醜などである. これはオズグッドの意味空間の次元における「活動性の因子」,「力量性の因子」,「評価性の因子」の3方向のベクトルにそれぞれ相当する. しかしこれらを実際の人間の感情効果量を想定した3次元空間へプロットしていくと, 寒暖や強弱の感情的属性に関しては比較的容易であったが, 好悪や美醜についての感情効果をプロットすることは非常に困難であったとされる (千々岩, 1984).

　1990年後半, 山中 (1997) によって以下の代表的な6つの一般的色彩知覚感情がまとめられている.

(1) 色の寒暖感 (暖色・寒色)
「炎を見ると熱い」や「青く澄み切った湖を見ると涼しい」などのイメージをもつことがある. 暖かい感じを与える色を暖

色（warm color），冷たい・涼しい感じを与える色を寒色（cool color）という．たとえば赤・オレンジ系統の色は暖かく，青・青紫系統の色は冷たく感じるとされる．

(2) 進出色，後退色

2つの色が距離的に同じ位置にあっても，見かけ上近くに見える色を進出色（advanced color），遠くに見える色を後退色（receded color）という．赤・オレンジ系統の色は近くに，青・青紫系統の色は遠くにみえる．

(3) 膨張色，収縮色

同じ大きさのものでも，見かけ上は大きく見える色を膨張色，小さく見える色を収縮色という．赤・オレンジ系統の色は大きく見え，青・青紫系統の色は小さく見える．なお色相（赤や黄色など色の様相の相違）や彩度（鮮やかさの度合い）よりも，明度（明暗の度合い）の方が膨張・収縮の感じ方に影響を与えるとされる．

(4) 重量感，硬軟感

明度が高いほどその色は軽く感じられ，明度が低いほど重く感じられる．ただし色の重量感は，色相・彩度にほとんど関連が見られない．また，コントラストが高い配色ではその配色は硬く感じられ，コントラストが低い配色ではやわらかく感じられる．

また，色相がもたらす感情イメージを**表 7.3** に示す（松田，1995）．

このように，色と感情には強い結びつきがあることが多くの研究で指摘されているが，色が質感評価に及ぼす影響についての研究も行われている．丹野ら（2010）は，布の素材（ポリエステル・綿・ナイロン）と色（白・黒・赤・青）および布のモダリティ（視覚・視覚＋触覚）が布の感性評価に与える影響を調べるため，計 12 種

表7.3 色相がもたらす感情イメージ（松田, 1995）

赤	明るい，陽気な，派手な，情熱的な，強い，暖かい，激しい，強烈な，子供っぽい，女性的な
橙色	活発な，力強い，溌剌とした，若々しい，元気な，陽気な，鮮明な，暖かい，素朴な，新鮮な，暑苦しい
橙黄	明るい，陽気な，愉快な，軽い，澄んだ，派手な，強い，動的な，暖かい，乾いた
黄	とげとげしい，明快な，酸っぱい，軽い，派手な，さわやかな，明るい
黄緑	さわやかな，若々しい，新鮮な，軽快な，陽気な，生き生きした
緑	生き生きした，生々しい，ウエットな，静かな，涼しい，安らか
青緑	冷たい，静かな，生々しい，ウエットな，近代的な
青	冷たい，寒々した，理知的な，静かな，落ち着いた，冷静な，透明な
青紫	高貴な，冷たい，派手な，優雅な，神秘的な，深い
紫	高貴な，不安な，濡れた，重い，強い，派手な，寂しい，刺激的な
赤紫	くどい，暑苦しい，下品な，動的な，情熱的な，暖かい
紫赤	優美な，優しい，女っぽい，柔らかい，甘い，派手な，陽気な，強い
白	明るい，清潔な，かるい，涼しい，浅い，純粋な，すがすがしい
灰色（明）	浅い，大人っぽい，優雅な，かるい，柔らかい
灰色（中）	落ち着いた，曖昧な，中途半端な
灰色（暗）	陰気な，曖昧な，重苦しい，陰鬱な，重厚な
黒	重い，暗い，深い，悲しい，厳しい，かたい，強い，大人っぽい，男性的な，不安な，陰気な，静的な

類の布と感性語30語を提示し，布の風合いを視覚的に表現する実験を行っている．その結果を統計的に解析したところ，白と青は布の風が薄く感じられ，黒と赤は厚く感じられ，白はほかの色よりもかたく感じられたり，白はほかの色よりも荒く感じられる傾向を指摘している．布の風合い評価には，素材の違いによる影響のほかに，素材・提示方法のいかんに関わらず，色による影響を受けるこ

とを明らかにしている．つまり，色は質感評価に影響を与えるのである．そこで，伝えたい質感を効果的に伝える色を提案するシステムを作成することにした．

7.2.3 オノマトペから色を提案するシステム

オノマトペの感性的印象と色彩印象との類似度を算出し，任意のオノマトペから，その印象に合った色を提案するシステムを構築した（土斐崎ら，2013）．色の印象についての評価を被験者に行ってもらう実験を行い，オノマトペを数値化するシステムの43尺度の印象評価値との類似度を計算すれば，オノマトペに合った色を提示することができ，オノマトペで表される所望の質感を強調する色を提案するシステムが構築できる．

システムで採用した色は，色彩研究においてよく用いられる『カラーイメージスケール改訂版』（小林，2001）に掲載されている色をもとにして，予備実験を行った．被験者に，『カラーイメージスケール改訂版』に掲載されている基本色130色を明度と彩度を組み合わせた色の概念であるトーンと，赤，黄，緑，青，紫といった色の様相の異なる色相別に，44のグループに分け，各グループにおいて，その色相に最も近いと思われる色を一色回答してもらった．グループ毎に最多回答数をもつ色を参考に，図7.5に示す45色を選定した．

これらの選ばれた45色の色の印象を，図7.6のように回答用紙に提示し，43対の評価尺度ごとに20人の被験者に7段階SD法で評価してもらった．被験者が回答した色の印象評価を集計した．被験者の回答結果の平均をとり，それを色の印象データとした．

オノマトペの印象データは，6章で紹介したオノマトペを数値化するシステムで得られたものを使う．これにより，色の印象データ

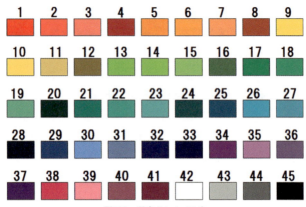

図 7.5 選定された 45 色

(a) 〈色番号 18〉

(b)

	非常に←			どちらともいえない			→非常に	
	3	2	1	0	1	2	3	
暖かい		1						冷たい
明るい					1			暗い
派手な					1			地味な
かたい				1				やわらかい
自然な	1							人工的な

図 7.6 (a) 色番号と (b) 実験の回答例

とオノマトペの印象データとの類似度によって，入力されたオノマトペから色を提案することができる．**図 7.7** は，オノマトペに対して，推薦される色の例である．

7.2.4 オノマトペから色を提案するシステムの応用例

さまざまなデザインアプリを利用することで，個人が色を選びデザインする機会が増加するに伴い，デザイン作成を支援するシステム開発も行われている．色に関連した形容詞を入力すると，配色とフォントの組み合わせとレイアウトを遺伝的アルゴリズムで作成するシステムなどがあるが，あらかじめ設定された特定の形容詞を

⑦ オノマトペを数値化するシステムの産業応用　123

(a)
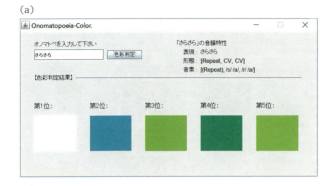

(b)
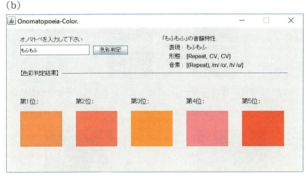

図 7.7　(a)「さらさら」と (b)「もふもふ」からシステムが推薦する色

入力するものが多い．「くっきり」「さらさら」といったオノマトペ
は，感覚に直接結びついた表現が可能であるため，近年その特性を
デザイン推薦システムに応用する取り組みがある．あらかじめオノ
マトペを画像にタグ付けすることによって，オノマトペによる画像
検索を可能とする手法や，作成したドローイングツールにオノマト
ペを入力することで，オノマトペのイメージに近いエフェクトを画
像に反映させる手法などがある．しかし，これらの手法はあらかじ
め用意した特定のオノマトペや，特定の形式のオノマトペによる入

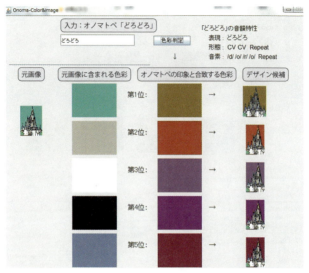

図7.8 デザイン推薦システムに「どろどろ」を入れた場合の出力結果

図7.9 色変更前と変更後のデザイン例

力にのみ対応するものであった．それに対し，筆者の研究室で構築したシステムは，任意のオノマトペに対応できる（**図7.8**）．さらに提示された色を組み合わせて，**図7.9**のような配色に変更するだけで，左の美しい城を魔女の城のように変更することもできる．一言のオノマトペで，色を提案できるシステムについて紹介したが，筆

⑦ オノマトペを数値化するシステムの産業応用　125

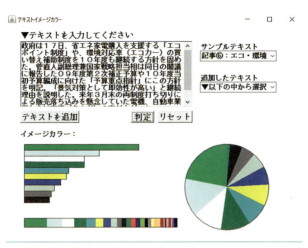

図 7.10　テキストから色を提案するシステムの出力結果例

者の研究室では，図 7.10 のように普通の文章から文章のイメージに合った色を提案できるシステムも開発している（飯場ら，2013）．

色のない世界は想像できなほど，私たちの身の回りは色であふれている．そのような色を，オノマトペなどの言葉で自由自在に操り，人の認知過程に影響を与えることができることは興味深い．

7.3　オノマトペで商品検索
7.3.1　インターネットショッピングの課題

インターネットが普及し，私たちの消費行動は大きく変化した．2013 年度アイブリッジ株式会社が，全国 20 歳から 99 歳の男女 300 名に対して実施した調査[1]によると，「インターネットショッピングを利用したことがない」と回答したユーザは 4.0% であり，残

---

[1] https://ibridge.co.jp/（2016 年 10 月 10 日付）

りの 96.0% は「利用経験がある」と回答している.また,その利用頻度は年々増加傾向にあり,月に 1 回程度の利用が 25.7%,月に 2, 3 回程度の利用が 27.7%,週に 1 回以上の利用が 6.7% であった.さらに,経済産業省の統計によると,2012 年度の消費者向け電子商取引 (electronic commerce, 以下 EC) の市場は,対前年比 12.5% 増の 9.5 兆円となり,拡大の一途を辿っている.実際ユーザの 45.8% は「インターネットショッピングの方が実店舗よりも消費意欲が増加している」と回答している.このように EC サイトを利用する消費者が増える一方で,多種多様な商品を取り扱う Amazon などの EC サイトでは,無数の商品の中からユーザの好みに合う商品を見つけることが難しくなっている.ショッピングサイトで扱われる商品は多岐にわたり,たとえば,楽天市場で購入できる商品は,衣服やバッグ,靴といったファッション系の商品,インテリアや家具,生活雑貨といった生活・インテリア系の商品はもちろん,食品や飲料,CD・DVD,ゲーム,家電・パソコン,スポーツ・アウトドア商品など,およそ 30 種類のジャンルを取り揃えており,その商品数は,「レディースファッション」のジャンルだけでも 300 万点を越える (楽天市場ホームページより,2016 年 10 月 5 日付).

　そこで,ユーザが所望する商品を効率的に推薦するさまざまな手法が提案されている.これまでに提案されてきた推薦手法の多くは,商品の価格や機能などとユーザの好みを記したプロファイルを比較して商品を推薦する内容ベースフィルタリングと,ユーザと類似した好みをもつ別のユーザの購入商品を推薦する協調フィルタリングの 2 つに分類することができる.これら従来の手法を EC サイトに適用する場合,ユーザの興味に即したプロファイル作成が難しいことや (土方,2004),潜在的に興味をもっている情報が推薦さ

れにくいといった問題がある．また服部・高間（2011）によると，現在多くのECサイトで採用されている協調フィルタリングに関して，ユーザにとって既知のアイテムが推薦されることが多く，満足な推薦結果を得ることができない場合があることが指摘されている（清水ら，2008）．ユーザの好みを把握することの難しさに関して，情報に対する人間の要求は単純ではなく，ユーザをも推薦システムの系の一部として利用することの必要性や（土方，2007），人は必ずしも明確な商品イメージをもってはおらず，ぼんやりとした願望の寄せ集めのようなものを心の中にもって購買を行うことが指摘されている（醍醐ら，1995）．漠然としたイメージのみで商品を探すユーザにとって，商品の具体的な特徴を入力する現在の検索方法では，商品の選択の幅を狭めてしまい，新しい商品と出会う機会が減る可能性がある．ユーザの多様化したニーズや曖昧なイメージに対しては十分に機能していないと考えられるため，ユーザにとって未知でかつ意外性のある多様なアイテムを推薦することは，情報推薦手法にとって解決すべき重要な課題とされている（服部・高間，2011）．

また，消費者が商品購入を決定する要因について，2007年度に独立行政法人中小企業基盤整備機構が，全国20歳以上の男女2000名に対して実施した調査によると，商品購入を決定する際に重視するポイントとして，1位が「色・柄・模様・形などのデザイン」，2位が「手触りや見た目からの風合いなどの質感」であり，消費者は，商品に対してデザインや質感といった感性的な側面を重視する傾向が強いことが示されている．島崎・吉野（2010）は，インターネットショッピングで商品を購入した経験がない人を対象に，その理由を調査しており，この結果，「イメージとは違うかもしれない」，「実物に触れられない」という回答が多く挙げられている．したがって，現在のインターネットショッピングが抱える課題として，消

費者が商品に対して求める手触りや風合いといった質感イメージと実際の商品とのギャップをいかにして埋めるかということが挙げられる.

消費者は商品購入の決定において,商品の手触りや風合いといった質感を重視する傾向にあるが,インターネットショッピングでは,商品の質感を正確に捉えることは難しいため,ユーザが求める質感イメージに相応しい商品を提案することにより,従来よりも満足度の高い購買行動を実現できると考えられる.

そこで,筆者の研究室では,ユーザが求める質感印象に適した商品検索手法について研究を行った.**図 7.11** は一般的な商品ページの構成例である.商品ページには,商品写真の画像,商品の紹介記事,商品検索窓があり,ユーザが検索窓から条件を入力し,順位付け結果として商品ページが出力される.

ここで,商品画像に「ふわふわ」というオノマトペが記載されているが,「オノマトペ」が商品の質感を伝える重要な要素であることがわかる.オノマトペは,直感的に質感を表すことができるため,EC サイトに限らず,商品名や商品のキャッチフレーズで,オノマトペが頻繁に利用されており,実際にオノマトペを用いた商品名やキャッチフレーズ(たとえば,ザクザククッキー(ロッテ),ギザギザポテト(カルビー),冷えピタシート(ライオン)など)から,その商品がどういった性質のものであるのかを瞬時に把握することができると報告されている(田嶋, 2006).

そこで,ユーザが求める質感印象に適した商品検索を可能にするために,オノマトペを入力する検索手法を提案した.オノマトペの利用により,ユーザが商品に対して抱く素材の材質感や感性的な印象を把握することができ,さらにユーザの感性や情動を直感的に表現できることから,ユーザが求める質感の程度をより微細に捉える

⑦ オノマトペを数値化するシステムの産業応用 129

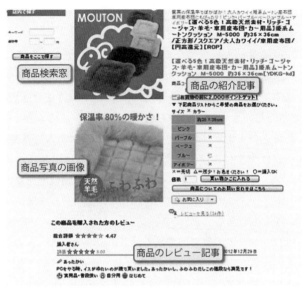

図 7.11 一般的な商品ページの構成例
楽天市場「四季物ひろば」より.

ことができる．その際，7.2 節で紹介した，オノマトペから色を提案するシステムも利用した．具体的には，ユーザが入力したオノマトペがもつ質感印象を，質感を評価する形容詞尺度で数値化し，あらかじめ抽出しておいた商品ページがもつ質感印象との類似度算出により，オノマトペの質感印象に適した商品を順位付けし，それを検索結果として返す手法である．

7.3.2 質感を重視した商品検索を可能にする方法

商品ページがもつ質感印象を抽出するため，商品ページに含まれる商品画像や商品記事を用いた．一般的な商品ページ（図 7.11）には，商品写真の画像や商品のレビュー記事が含まれていることか

ら，本研究では，商品写真の画像と商品のレビュー記事から商品の質感印象を抽出することにした．

ユーザの所望する質感に合致した商品を提案できるようにするために，任意の質感を表すオノマトペを入力すると，そのオノマトペの質感印象に適した商品ページを順位付けする方法を採用した．7.2節で紹介したオノマトペから色を提案するシステムと，6章で紹介した質感を表すオノマトペを数値化するシステムを基盤とし，商品ページに含まれる商品画像や商品記事から抽出された質感印象を用いて，入力したオノマトペの質感印象との類似度を算出することで，オノマトペの質感印象に合致した商品ページを順位付けする，というものである．

図 7.12 はシステムの概要図である．このシステムは，入力されたオノマトペの質感印象の数値化（機能 1），商品ページがもつ質感印象の抽出（機能 2），オノマトペと商品ページの類似度算出（機能 3）の 3 つの機能で構成した．

機能 1 は，ユーザが入力したオノマトペがもつ質感印象の数値化である．これは，6 章で解説した技術である．機能 2 では，商品ページに含まれる商品画像と商品記事を用いて，商品ページがもつ質感印象の抽出を行う．この研究では，「商品画像の画像特徴量を用いる方法」と「商品画像の色特徴量を用いる方法」と「商品記事に含まれる形容詞を用いる方法」の 3 つの手法を用いて，商品ページの質感印象を抽出した．具体的な方法は以下の通りである．

手法 1：商品画像の画像特徴量の利用

商品画像の画像特徴量（ここでは SIFT 特徴というものを用いた）を用いて，商品画像に共起する形容詞のマッピングを学習させる．商品画像に共起する形容詞の確率を推定する手法を用

⑦ オノマトペを数値化するシステムの産業応用　131

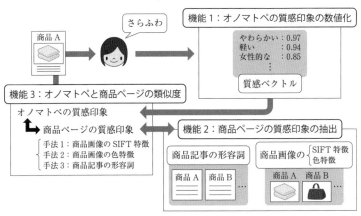

図 7.12　システムの概要図

いて，SIFT 特徴量をもとに商品画像と結びつく形容詞尺度の値を推定することで，商品ページの質感印象を抽出する．

手法 2：商品画像の色特徴量の利用

7.2 節で紹介したオノマトペから色を提案するシステムを用いて，オノマトペの質感印象に適した色を定量的に推定し，商品画像の色特徴量を抽出する．

手法 3：商品記事に含まれる形容詞から抽出

商品記事に出現する形容詞のうち，質感を評価する 43 対の形容詞尺度に該当する形容詞を抽出し，その商品記事を特徴づける形容詞尺度として，各形容詞尺度に重みを与える．これにより，商品記事と形容詞尺度の対応がとれ，商品ページの質感印象が抽出される．

最後の機能 3 は，入力され，送信されるオノマトペの質感印象値と，商品画像および商品記事から抽出した商品ページの質感印象の

▼手法1：商品画像のSIFT特徴量を利用

第1位： 第2位： 第3位： 第4位： 第5位：

▼手法2：商品画像の色特徴量を利用

第1位： 第2位： 第3位： 第4位： 第5位：

▼手法3：商品記事の形容詞を利用

第1位： 第2位： 第3位： 第4位： 第5位：

図7.13 「ごつごつ」の順位付け結果
画像は Sharan *et al.*（2014）より．

類似度を算出し，ユーザが入力したオノマトペの質感印象に適した商品ページを順位付けするものである．詳細は土斐崎ら（2015）を参照されたい．

以上の方法で，どのような商品が検索されるのか見てみよう（この研究では商品と見立てた FMD 画像（Sharan *et al.*, 2014）を使用した）．**図7.13** から **図7.15** は，商品画像の SIFT 特徴を用いた場合の結果例，商品画像の色特徴量を用いた場合の結果例，商品記事に含まれる形容詞を用いた場合の結果例である．

60件の商品ページを対象に，提案した3つの手法に基づく順位付けの適合率・再現率・F 尺度[2]を算出し，3つの手法を単体で用

---

[2] システムの出力した検索結果の正確性と網羅性を総合的に評価する指標．正確性の指標である適合率と網羅性の指標である再現率の調和平均．

▼手法1:商品画像の SIFT 特徴量を利用

第1位：　　第2位：　　第3位：　　第4位：　　第5位：

▼手法2:商品画像の色特徴量を利用

第1位：　　第2位：　　第3位：　　第4位：　　第5位：

▼手法3:商品記事の形容詞を利用

第1位：　　第2位：　　第3位：　　第4位：　　第5位：

図 7.14 「ぴかぴか」の順位付け結果
画像は Sharan *et al.*（2014）より．

いる場合や，各手法を統合して用いる場合の検索性能を評価した結果，順位付け結果上位 15 件以上において，3 つの手法をすべて統合した場合，すなわち，商品ページに含まれる画像の SIFT 特徴量と色特徴量，商品記事に含まれる形容詞のすべての情報を利用した場合が，検索の正確性の指標となる適合率は 66％ を達成し，検索の網羅性の指標となる再現率は 82％ となった．したがって，この研究で提案したオノマトペの質感印象に合致した商品ページの順位付け手法が認知的に妥当であることが検証できた．

この研究は，EC サイトを運営する企業らによる投票により，賞を受賞し，産業界での期待が感じられた．インターネットでの商品検索でも，オノマトペは重要であること，オノマトペの活用の幅と可能性を感じることができた．

▼手法 1：商品画像の SIFT 特徴量を利用

第 1 位： 　第 2 位： 　第 3 位： 　第 4 位： 　第 5 位：

▼手法 2：商品画像の色特徴量を利用

第 1 位： 　第 2 位： 　第 3 位： 　第 4 位： 　第 5 位：

▼手法 3：商品記事の形容詞を利用

第 1 位： 　第 2 位： 　第 3 位： 　第 4 位： 　第 5 位：

図 7.15　「ぷにぷに」の順位付け結果
画像は Sharan *et al.*（2014）より．

オノマトペを数値化するシステムでもっと個人に寄り添う

　最終章では,オノマトペを数値化するシステムの本来の強みを活かし,個人の主観や感性に寄り添うことで社会に貢献できることを,このシステムの医療応用事例や,個人差を可視化するシステムの実装例を通じて紹介したい.

8.1 患者の主観を尊重した医療への貢献
8.1.1 オノマトペで医療面接支援

　最近の医療現場では,従来の「問診」という言葉に代わって,「医療面接」という言葉が用いられるようになっていると,共同研究している医師から教えられた.医師の知識や技術がどれだけ優れていても,患者との良好なコミュニケーションがとれなければ臨床の場で活かすことは難しいという認識が定着してきたためとのことである.しかし,痛みは主観的な経験であり,その強さや質を他者に直接伝達する手段はないため,短時間で質の高いコミュニケーションを実現することは難しいとされる.痛みの情報は,言語的表現

や表情，行動などを通して他者に伝達され，特に医療や介護を受ける際，痛みを正確に伝達するためには，言語表現の使用が必要不可欠である．

痛みを表現する言語表現として，患者は，「ずきずき」「がんがん」といったオノマトペや，「ハンマーで殴られたような」といった比喩を用いることが多い．特に，痛みをオノマトペで表すと，「すごく痛い」といった普通の言語表現よりも簡潔に表現できるだけでなく，痛みの量（程度・強度）と質（部位・深度）を同時に表現できる（苧阪，2001）．一方，比喩表現は，痛み感覚が生じる原因となる出来事に言及することで，痛みのイメージを具体的に表現できる．

しかし，医師や看護師の熟練度によっては，オノマトペから患者の主観的な痛みを正確に把握することは困難であるとされ，オノマトペ表現を客観的に扱える方法が求められてきた．また，共同研究をしている医師によれば，医師が問診を行う際に，患者が発するオノマトペ表現を比喩表現に置き換えて聞き返すことにより，患者の痛みをより正確に理解可能となり，病状の特定にも結びつく可能性があるとのことであった．そこで，筆者の研究室では，オノマトペと比喩を活用した医療面接支援システムを作ることにした．

システムを構築するためには，定性的なオノマトペや比喩を定量化（数値化）する必要がある．そこで，オノマトペを数値化する方法として，6章で紹介したオノマトペを数値化するシステムで用いている方法を応用することにした．オノマトペの音に結びつく痛みの強度と質を捉える方法である．比喩を数値化する方法としては，比喩の評価値を複数の形容詞尺度で数値化することにした．8.1 節では，痛みを表すオノマトペと比喩とを結びつけるシステムについて紹介してゆきたい．

8.1.2 痛みとは

そもそも痛みとは何なのだろうか．

国際疼痛学会は，「痛みとは組織の実質的あるいは，潜在的な障害に結びつくか，このような障害を表す言葉を使って述べられる不快な感覚，情動体験である」と定義している．難しい定義であるが，つまり痛みは「情動体験」ということである．情動体験とは，喜怒哀楽に代表される個人的な感覚で，元来他人とは共有できない性質のものである．痛みもまさに，非常に主観的かつ個人的な感覚で，その強さや質を他者に直接伝えることはできない．しかし，痛みは当人にとっては重大なもので，そこから逃れるためには，痛みを，言語表現や表情，行動などを通して，なんとか他者に伝えたいものである．痛みを訴えられる医師にとっては，患者の主観的な痛みを客観的に評価するのは非常に難しく，頭を悩ませるもののようである．患者が訴える痛みを適切に評価することは，その原因の特定に有用であるばかりか，治療効果の判定にも必要であるとされている．そこで，患者が訴える痛みを正確に測定する方法が従来から研究されている．

笠井（2009）は，臨床に立つ医師の立場から，患者が痛みをどのように医師に伝えているのかについて以下のように整理している．

① オノマトペを使って話す
患者は「しくしくする」，「きりきりする」というように擬音語を使って痛みを表現する．たとえば，「ずきっ」は一瞬の鋭い痛み，「ずきん」は鈍く余韻が残る痛み，「ずきずき」は脈打つような断続的な痛みである．医師は，このようなオノマトペによる痛み表現を直感的に判断しなければならない．

② 比喩を使って話す

患者は「蜂に刺されたような痛み」,「棒がはさまっているような痛み」などのように,比喩を用いた表現をする.もし患者の比喩の使い方が上手であれば,医師は痛みの程度を把握できるが,わかりにくい比喩表現,具体性に乏しい比喩表現である場合には,その痛みを想像して共有することができず,痛みの性質を推測するために,別の表現で患者に話してもらわなければならない.

③ 言語以外の動作で伝える

顔をしかめている,ずっと下を向いている,つらそうな感じで車椅子に座っている,痛い部分を強く押さえている,などの言語以外の表現でも,患者は痛みを表現している.これは,痛みの程度を推測するために非常に重要であり,十分に観察すべきである.

このように整理したうえで笠井(2009)は,医師は短い診察時間の中で,患者の表現から痛みの程度と原因を推測しなければならないため,医師-患者間のコミュニケーションを良好に実現できるような診療支援ツールが必要であるとしている.

それでは,従来の痛みの評価方法にはどのようなものがあるだろうか.中村(2006)によると,一般的な痛みの評価方法は,次のように実験的評価法と臨床的評価法とに大別される.

(1) 実験的評価法

熱や電気などの機械的な侵害刺激を与え,疼痛閾値(いきち)を測定するものであり,実験生理学的なものから,駆血帯(くけったい)などを利用して簡易に実施できるものまである.しかし,臨床現場において痛みはさまざまな部位で起こり,その性質も多種多様であるため,臨床的にはあまり使用されていない.

(2) 臨床的評価法（主観的評価法）

臨床的に広く使用されているのが，この主観的評価法である．これはあくまで主観的であるため，評価時の心理状態などの影響を受けやすく，結果にばらつきが見られるとされているものの，いくつかの方法でさまざまな工夫がなされ，現在実用化されている．代表的な主観的評価法には以下のものがある．

① visual analogue scale（VAS）

痛みの強度を直線上で表す方法である．10 cm から 20 cm の直線を引き，左端を「痛みなし」，右端を「経験可能な最大の痛み」として，現在の痛みがどの辺りにあるのかを患者自身に示させる．

② numeric rating scale（NRS）

10 点表現法であり，患者が今までに経験した痛みの最高点を 10 点とし，現在の痛みが何点かを答える．VAS より容易に使え，口頭でも行えるため有用性が高い．

③ face scale

一般的には 4 枚から 7 枚の顔の絵を使用し，現在の痛みがどの顔の表情に該当するかによって痛みの程度を評価する．文字を読む必要がないため小児から高齢者まで使用可能とされている．

④ McGill pain questionnaire（MPQ）

痛みの診断と評価に用いられ，その有用性は国際的にも高い評価を得ている．この評価法は，感覚的，情動的，評価的の 3 側面から痛みを立体的に評価しているのが特徴であり，102 語の痛み表現を用い，その度合いや性質を分類している．

これらの一般的な痛みの評価方法は，どちらかというと，痛みの強さを評価するものであるが，宮崎（2005）は，実際に患者を診

場合,患者の痛みの強さを評価するばかりでなく,痛みの様式や性質の評価も重要であるとしている.筆者も病院で,「あなたがこれまでに経験した最も強い痛みを10とすると,今回はどの程度ですか?」と聞かれたことがあるが,歯の痛みと,お腹を壊した時のお腹の痛みは,「質」が違いすぎて比べられない,と思ったことがある.

痛みの「質」を伝えるには,「どのような痛みか」を表す言語表現を重視するのが一番よいように思う.痛みには,損傷によって生じた痛み刺激の受容とその後の感覚情報処理過程によって決まる「感覚的痛み」に加えて,痛みの情動的性質,つまり緊張,恐怖などによる「感情的痛み」があるとされる.赤松(1990)は,「感覚的痛み」と「感情的痛み」とを分離する最も有効なものは,やはり言語表現であるとしている.従来の疼痛評価研究では感覚的痛みに目が行きがちであるが,痛みを訴える患者の立場からすれば,医療従事者には,「感情的痛み」にも寄り添ってもらいたいものである.

8.1.3 痛みを表す言語表現

それでは,痛みを表す言語表現についての従来の研究を少し概観してみたい.八木・高沢(1981)は,健常な女子短大生60名を対象とし,自由記述法で痛み感覚の表現用語を思いつくまで列挙させた結果得られた疼痛表現用語314語を**図8.1**(一部捨象あり)のようにまとめている.なお,314語のうち,比喩表現が149語で全体の47%を占め,次いでオノマトペが111語で全体の35%を占めている.

また,楠見ら(2010)は,比喩表現やオノマトペと身体的痛みの関係について,痛みに関する先行研究から痛みについての質問票に使用されている語句や,痛みを表すオノマトペを収集し,さら

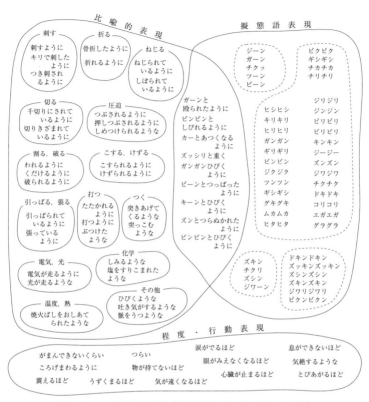

図 8.1 疼痛感覚表現用語の概念的整理（八木・高沢, 1981）

に Web 上の掲示板やブログから，「痛み」をキーワードにして検索ツールで痛み表現を収集している．その結果，比喩 58 例とオノマトペ 40 例の計 98 例について，痛みの主観的イメージについて被験者に評定を求め，統計的手法で言語表現を分類している．

ところで，痛みが問題となる疾患の代表例として癌性疼痛がある．がん患者の痛みの表現と鎮痛薬の関係について研究が行われて

いる．たとえば，土田ら（2009）は，患者の痛み表現を薬剤師が聴取し，その表現と癌性疼痛の治療に用いられるオピオイドの効果について身体部位別に**表 8.1** のようにまとめている．西田ら（2009）も同様にがん患者の痛み表現を収集している（**表 8.2**）．

以上を見てもわかるように，痛みの言語表現には，多くの比喩やオノマトペが用いられており，このような言語表現がいかに重要であるかがわかる．

8.1.4 痛みを表す言語表現の評価の難しさ

痛みを表す言語表現は非常に重要であるが，痛みの言語表現を実際に定量的な評価に用いることは難しい．定性的な言語表現をいかに定量化するかは重要な問題である．そのような方法として，McGill pain questionnaire（MPQ）（Melzack, 1975）が，痛みを多次元的に捉える方法として国際的にも高い評価を得ている（**図 8.2**）．

しかし，このような質問項目に基づく診療は診療時間が著しく短い日本の医療現場では実用性が低く，特に緊急性の高い場面では使用できないことから，臨床応用は難しいようである．そこで，筆者の研究室では，痛みを表す「一言のオノマトペ」を数値化することで，多次元的な痛みの強度と質を瞬時に定量化し，関連する比喩表現も提示するシステムを構築することにした．

表8.1 収集した自由な痛みの表現とオピオイドの効果（土田ら，2009）

本研究の症例					APQ を使用した研究の症例	
患者の表現	痛みの形容表現分類	痛みの部位	オピオイド鎮痛剤の効果（患者数）		表現の選択肢	オピオイドの効果
			有効	無効		
張っている，張って苦しい，痛くないけど張っている	張っている	腹部	2	4	張ったように痛い	無効
重い，重苦しい，ズーンと重い，錘がのっているような，痛くないけれど重い	重い	腹部 臀部〜下肢	4 0	1 1	重苦しい	有効
ズキン，ズキズキ	ズキズキ	腹部 頭部 頭部〜肩 臀部〜下肢 その他（全身）	1 1 1 0 1	0 0 0 1 0	ズキンズキンする ズキズキ痛む	有効
ピリピリ，ビリビリ痺れる，電気が走るようにピリピリする	ピリピリ	臀部〜下肢 腹部	1 1	2 0	痺れたような 痛みが走るような	有効
キリキリ	キリキリ	腹部	2	0	該当なし	—
押されている，内側から押されているような	押される	腹部	2	0	しめつける 圧迫される	有効
挟まれる	挟まれる	腹部	1	1	しめつける 圧迫される きゅうくつな	有効
ビリビリ	ビリビリ	腹部 臀部〜下肢	1 0	0 1	ビリビリ	無効
ちくちく	ちくちく	腹部	1	0	針でちくちくと刺すような	有効
ぎゅーと痛い	ぎゅーと	腹部	1	0	しめつける 圧迫される	有効
鈍痛	鈍痛	臀部〜下肢	1	0	鈍い痛み	有効
身の置き所がない	身の置き所がない	腹部	1	0	いやになるような はげしい 耐え切れない	どちらともいえない 検証していない 有効
引っ張られる	引っ張られる	腹部	0	1	強く引っ張られる 引っ張られるような	有効 検証していない
きしむ	きしむ	腹部	1	0	該当なし	—
引きつる	引きつる	腹部	1	0	痙攣するような 引き伸ばされるような	有効
虫唾が走るような	虫唾が走る	臀部〜下肢	0	1	ひどく不快な	有効
じんじん	じんじん	腹部	1	0	脈打つような 痺れたような	無効 有効

表 8.2 がん患者の痛み表現（西田ら，2009）

どーん(58)	鈍痛(2)	どんよりした痛み(3)	痛いものが全部そろってドカーンと乗っかっている感じ(1)
しびれ(49)	ちくちく(45)	剣山で突かれるような(2)	爪の間にいっぱい針が刺さっているような(1)
圧迫されるような(12)	締めつけられるような(22)	きゅーと痛い(3)	きゅーと(2)
ぎゅー(3)	硬く締めつけるような(1)	重い(21)	ずーんと重い(2)
ずーん(4)	ずん(3)	ずどーん(1)	重苦しい(2)
ずしーん(1)	ずきん(31)	重痛い(1)	ずきずき(25)
ぴりぴり(22)	ぴりこんぴりこん(1)	張ったような(19)	腫れるような(1)
ビリビリ(10)	電気が走るような(5)	差し込むような(8)	刺すような(5)
骨にささるような(1)	つっぱるような(11)	しくしく(11)	じくじく(4)
じわじわ(6)	じわーっ(3)	じーん(7)	じんじん(3)
ひりひり(10)	筋肉痛のような(6)	つねるような(1)	凝ったような(2)
肩こりのような(1)	だるい感じの痛み(4)	痛だるい(3)	重だるい(1)
だるやめ(1)	だるやみ(1)	突き上げるような(4)	中からくるような(2)
押し出してくるような(1)	内臓がぐっと広がるような(1)	何か出るような痛み(1)	走るような(5)
ぴーっ(1)	引っ張られるような痛み(4)	ひきつけられるような(1)	ちかちか(5)
切り裂かれるような(1)	削がれるような(1)	ちぎれるくらい痛い(1)	ひきちぎられそう(1)
裂ける感じ(1)	神経に触るような(3)	神経が縮んだような痛み(1)	歯医者で治療中に神経に触ったような(1)
きりきり(4)	焼けるような(2)	焼けつくような痛み(1)	カーッと燃えるような感じ(1)
絞られるような(2)	よじれるように痛い(1)	つきーん(2)	つきつき(1)
きやっと痛い(1)	きやっとする(2)	グキッ(2)	ぎくっ(1)
ぐーっと(3)	うずく感じ(2)	ひびく感じ(2)	じーとしていられないような(2)
にごにご(2)	もそもそ(2)	あえぐような痛み(1)	かさぶたがとれたところを触ったような痛み(1)
がんがん(1)	きりでえぐられて穴を開けられるような(1)	ぐちゅぐちゅ(1)	こもったようないやーな痛み(1)
ずつない(1)	鋭い痛み(1)	すれるような(1)	ぞくぞくっ(1)
誰かにたたかれたような(1)	知覚過敏みたい(1)	力が抜けるような(1)	ちりちり(1)
つーん(1)	もだえるような痛み(1)	はっと痛くなる(1)	むずむずしたような痛み(1)
ひやっとする(1)	火傷したような痛み(1)	柔らかい所に常に硬いものが当たっている(1)	病める(1)

( )：回数，頻度

⑧ オノマトペを数値化するシステムでもっと個人に寄り添う　　145

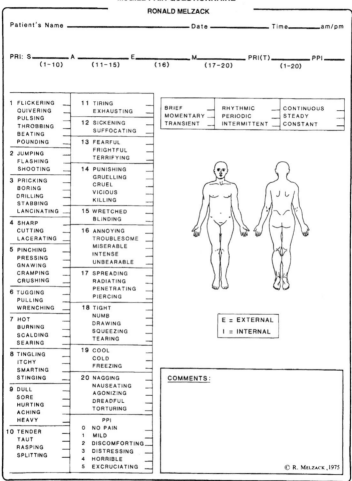

図 8.2　マギル疼痛質問表（Melzack, 2005）

8.1.5 痛みを表すオノマトペを数値化する

2013年の『バーチャルリアリティ学会論文誌』掲載の論文で紹介したシステム（上田ら，2013）は，医療従事者（医師・看護師）を対象とするアンケートをもとに，痛みの評価に必要な全35個の評価尺度で実装している．

痛みの評価について言及している全13の先行研究を調査し，そのうち，2文献以上で記載があった評価尺度62個（両極尺度16個，片側尺度46個）を選出した．そして，筆者らが所属する大学の保健管理センターおよび介護老人保健施設にアンケートを送付し，どのような評価尺度が有効であるかの回答を行ってもらった．最終的に勤続年数5年以上の医療従事者14名（男性医師2名，女性看護師12名，平均年齢52歳）の回答が得られた．その回答を参考に，医療現場で有効な全35個の医療用評価尺度（両極尺度13個，片側尺度22個）を選定し，システムの評価尺度として採用した．いか

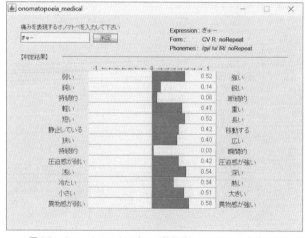

図8.3　オノマトペによる痛みの数値化システムの出力結果例

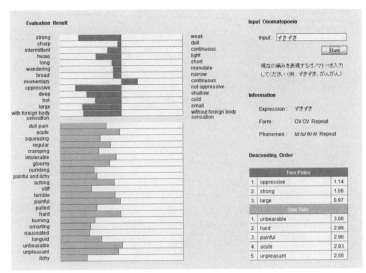

図 8.4 「ずきずき」の出力結果

なるオノマトペが入力されても数値化できるようにする手法については，6 章で解説したオノマトペを数値化するシステムと基本的には同じである．

こうして，実装されたシステムの両極尺度部分の出力結果例を図 8.3 に示す．「ぎゅー」という表現から，強く，重く，長く，移動するような深い痛み，であることが数値化されている．

その後，このシステムの GUI（graphical user interface）上に表示される形容詞を多言語化することで，海外の医療機関を受診しても，日本語のオノマトペで痛みを訴えられるような図 8.4，図 8.5 のようなソフトウェアも開発した（Sakamoto *et al*., 2014）．このシステムを実装したきっかけは，5 章で紹介した擬音語を数値化するシステムを展示発表した際に，海外経験の長い方から，日常会話やビジネス英語には問題なくても，痛みを英語で訴える際に不安を

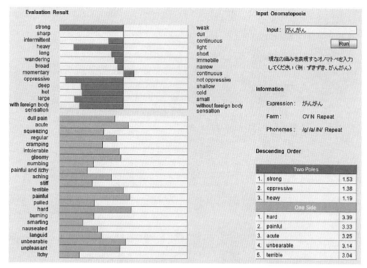

図 8.5 「がんがん」の出力結果

感じる,という話を聞いたことなどである.「ずきずき」と「がんがん」は,辞書によっては,いずれも "throbbing pain" という同じ英訳となるが,日本人にとっては,両者は異なる性質の痛みである.図 8.4 と図 8.5 の出力結果を比べると,「ずきずき」よりも「がんがん」の方が,strong で heavy の数値が大きいことがわかる.このような微細な違いを外国人の医療従事者に伝えるには,やはりオノマトペを使いたい,ということであった.

この英語版システムを,情報系の国際会議で発表したところ,外国人にもその価値が理解され,ベストアプリケーション賞を受賞した.やはり,主観的な痛みを他者に伝える方法は,世界共通の悩みなのであろう.

8.1.6 オノマトペと比喩の結びつきが重要

　痛みの言語表現に関する先行研究によれば，患者が痛みを表現する際は，オノマトペだけでなく，比喩も多く用いられていることがわかっている．たとえば，八木・上田（1984）は，オノマトペとともに比喩表現こそ，疼痛感覚を過不足なく指し示す言語形式といえるかもしれないと述べている．また，比喩表現は痛み感覚が生じる原因となる出来事を述べることで痛みのイメージを表現しており，オノマトペとの結びつきを調べることができれば，より豊富な表現が可能となる．

　また，共同研究をしている医師からも，患者が発するオノマトペ表現を比喩表現に置き換えて聞き返すことにより，患者の痛みをより正確に理解可能となり，病状の特定にも結びつく可能性があるとの意見が得られた．「頭ががーんと痛い」という患者のオノマトペによる訴えに対して，「ハンマーで殴られたような痛みですか？」と医師が質問することで，クモ膜下出血かどうかの判断ができるといった事例は有名である．つまり，オノマトペと比喩とを結びつけることで，医師と患者の良好なコミュニケーションを強力に支援することが可能になると考えられる．

　そこで，筆者の研究室では，患者が訴える痛みを正確に理解することを目的とし，オノマトペと比喩表現を，形容詞を介して結びつけ，オノマトペのもつ印象と類似する印象をもつ比喩表現を提示するコミュニケーション支援システムを構築した．

　具体的には，日本語オノマトペを入力すると，各評価尺度に対して痛みの量と質などの特徴を定量的に提示することが可能なオノマトペによる痛みを数値化するシステムを基盤とし，痛みに関するWeb記事から抽出した比喩の印象を用いて，入力されたオノマトペの印象値と類似度を算出することによって，オノマトペの印象に

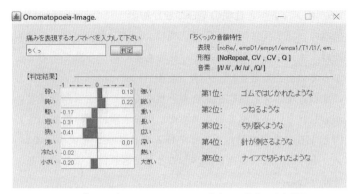

図 8.6 「ちくっ」というオノマトペを入力した場合の出力結果

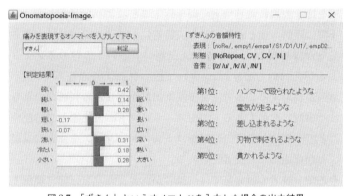

図 8.7 「ずきん」というオノマトペを入力した場合の出力結果

合致した比喩をランク付けするシステムである．あらゆる比喩を対象として各評価尺度の印象の抽出を行うため，インターネット上の痛みに関する比喩を検索し，得られた記事を利用して，比喩と形容詞の結びつきを調べることで比喩の印象を数値化する．

システム構築の詳細は省略する（詳細は Doizaki et al.（2015）を参照）が，実装したシステムでは，たとえば以下のような結果が

出力される．システムの実行画面を**図 8.6** および**図 8.7** として示す．システムでは，ウィンドウ左上のテキストフィールドにユーザが痛みや症状を表す任意のオノマトペ表現を入力し，「判定」ボタンを押すと，画面左下のフレームに定量評価の結果としてのグラフが表示される．そして，右下にはオノマトペと類似した印象をもつ比喩候補が 5 件表示される．なお，ここではオノマトペ表現「ちくっ」，「ずきん」を入力して得られた出力結果を示してある．

図 8.6 より，オノマトペ「ちくっ」の場合，「狭い」，「短い」などの評価尺度に対して大きい値が，出力されている．また，類似する比喩表現として「ゴムではじかれたような」，「つねるような」，「切り裂くような」，「針が刺さるような」，「ナイフで切られたような」という比喩が提示されている．また，図 8.7 より，オノマトペ「ずきん」の場合，「ハンマーで殴られたような」，「電気が走るような」「差し込まれるような」といった比喩表現が提示される．どのようなオノマトペが入力された場合でもオノマトペの印象と類似した比喩表現を提示することが可能であるため，オノマトペの印象をより正確に理解することが可能となる．

医師を対象としたシステムの評価実験では，一定水準以上の評価精度は示されたものの，実際に医療の現場で使用されるシステムとなりえるためには，さらに高精度の疼痛評価が行える定量データが必要であるが，本システムについてはメディアでも多く取り上げられ，こうしたシステムへの社会的期待は大きいと感じている．

8.2 個人ごとに違う感性に寄り添うために

8.2.1 ものの感じ方は個人によって異なる

ものの物理的な特徴は，人間の感じ方とは独立に決まっている．しかし，一つひとつのものを，どのようなオノマトペで表現するか

は個人によって異なりうる．あるものの質感を，「すべすべ」と表現する人もいれば，「さらさら」と表現する人もいるかもしれない．どれを，どのようなオノマトペで表現するかは，人によって異なりうる．そこで，8.2節では，人によって異なるものの感じ方に寄り添うためのシステムについて紹介したい．その際，一女性である筆者が，感性が重要な製品と考える化粧品を例にして考えてみたい．

化粧品の使用感を表すには，「さっぱり」「しっとり」といったオノマトペが広く使われている．「さっぱりタイプの化粧水」，「しっとりタイプの化粧水」，「さらさらタイプのファンデーション」「つやつやタイプのファンデーション」のように，化粧水やファンデーションの使用感や仕上がり感を表現するためなどに使われている．オノマトペを使うとユーザに直感的にわかりやすいためであろう．

しかし，顧客の化粧品の使用感についてのアンケートでは，オノマトペはあまり活用されておらず，たくさんの形容詞対によるSD法を用いたアンケートが広く用いられてきた．しかし，化粧品の使い心地を素人が分析的に評価することは難しく，筆者自身も1ユーザとしてモニタになったことがあるが，アンケートではしばしば複数ページにわたるような多くの回答を求められて苦労した．本書で何度も述べてきたが，私たちは，日常触れるさまざまなものの質感を，「湿った—乾いた」「粗い—なめらかな」といった形容詞で表されるような評価項目ごとに分析的に感じているのではなく，「つるつるすべすべな肌になりたい」「つやつやさらさらな髪になりたい」といったオノマトペで，短く直感的に表現することが多い．

さらに，化粧品を使用する際は，指でファンデーションを取って肌に伸ばしたり，肌で直接触れることになるが，触質感は，物体形状だけでなく，指の皮膚変形といった個人差の大きな要素が影響するとされる．たとえば，皮膚の物理特性は加齢によって大きく変化

することが知られている．そこで，筆者らは，人が化粧品などの質感を直感的に表現するオノマトペを数値化するシステムに加えて，個人の触質感の感じ方の違いを詳細かつ簡便に把握する「個人差可視化システム」を開発した．

8.2.2 オノマトペによる個人差可視化システム

　加齢などによる個人差が大きい触感覚の違いに寄り添うという視点は，人間を対象にする従来の研究でも，意外に欠けていたように思う．統計的な方法で個人差を捨象することが，偶然ではない普遍的な真理の探究を目指す科学研究で重視されてきたためであろう．しかし，個人差があることもまた真理である．そこで，筆者は，個人差に向き合う研究を，人を対象にした認知実験による理学的研究でも，技術的課題を解決するための工学的研究でも，大切にしている．

　以下では，人が触れるものの世界（触素材マップ）と，人がそれをカテゴリ化することで作られるオノマトペによる感性の世界（オノマトペマップ）をそれぞれ独立なものとして用意し，2つのマップのすり合わせ方の違いによって個人個人の触質感の感じ方の違いを把握するために構築したシステムについて解説する．触素材マップ上にオノマトペマップを重畳することにより，ユーザがいくつかのオノマトペをそれが最も表すと感じられる触素材の位置へと移動させるだけで，そのユーザの素材の感じ方を把握できる．この時，6章で解説したオノマトペを数値化するシステムを介在させることで，少数のオノマトペの位置を操作するだけで，ほかのオノマトペも適切に移動させ，オノマトペマップ全体の配置を変更できるようにする．これにより，少ない手順でユーザの評価が可能になり，個人個人の感じ方の違いを，少ない時間，少ない負担で把握できる．

たとえば，化粧品の使用感において重要な影響を与える手触りの年代差や性差など，個人差を簡単に大量に調査できるようになる．調べたい範囲の素材を決めて，それらの素材についてのマップを作り，それらの素材から想起されるオノマトペマップも用意し，触素材マップの上でオノマトペの配置を各個人が変化させるだけで，感じ方の違いを把握できる．本項では，一般的な触感を対象にして，マップの作成，およびそのすり合わせを行っている坂本ら（2016）による実装例について順を追って紹介する．

(1) 触素材マップの作成

この論文で紹介されている実装例では，Sakamoto *et al.* (2013) によって標準化された50種類の触素材を用いている．その触素材を，視覚を遮断した21歳から24歳（平均22.8歳）の被験者10名（男性6名，女性4名）に一つずつランダムに提示し，利き手の人指し指で横になぞる動作と押す動作で触れてもらい，「暖かい―冷たい」，「かたい―やわらかい」，「弾力のある―弾力のない」，「湿った―乾いた」，「滑る―粘つく」，「凸凹な―平らな」，「なめらかな―粗い」の7尺度において7段階評定法で回答を求めた．そして，各素材の尺度ごとの平均評定値から各素材間の相関係数を算出し，多次元尺度構成法によって**図8.8**の触素材マップを作成した．

(2) オノマトペマップの作成

実装例では，一般的な触感を表すオノマトペとして2モーラ（モーラとは拍のことで，2モーラはおおよそ2音節に相当する）繰り返し型のオノマトペ307語を用意し，それらをたとえば「ふわふわした手触り」という検索語でGoogle検索を行い，ヒット数が1000件以上のオノマトペ43語を選定している．次に，選

⑧ オノマトペを数値化するシステムでもっと個人に寄り添う　155

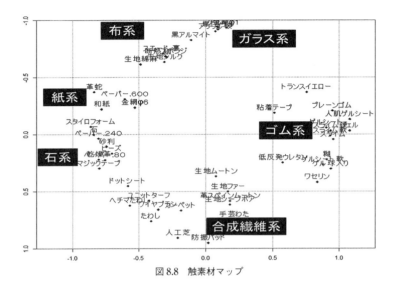

図 8.8　触素材マップ

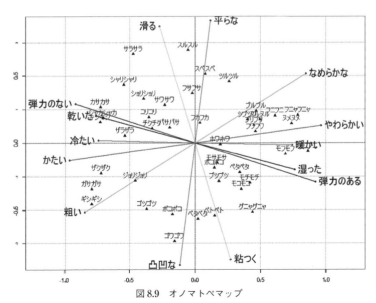

図 8.9　オノマトペマップ

定された43語を6章で紹介したオノマトペを数値化するシステムに入力し，43語それぞれに対して，触素材の評価と同じ「暖かい―冷たい」，「かたい―やわらかい」，「弾力のある―弾力のない」，「湿った―乾いた」，「滑る―粘つく」，「凸凹な―平らな」，「なめらかな―粗い」の7尺度の評価値を利用することとした．これら43語のオノマトペの各7尺度の評価値を統計処理することで2次元マップとして可視化した（**図8.9**）．

(3) 素材とオノマトペの個人差可視化システム

次に，触素材マップとオノマトペマップをユーザの主観に合うようにすり合わせるシステムについて述べる．はじめに，タッチパネル機能の付いた画面に，オノマトペマップが触素材マップの上に触感印象がある程度合うように重畳された状態で表示する．2つのマップはそれぞれ異なるデータで独立に作成されたものであるが，同じ7尺度を使用しているため，触素材の印象評価値，オノマトペマップの軸を参考にして，中心点を合わせ，座標値を調整し，800×600（横×縦）ピクセルの画面上に重ね合わせた．

そして，ユーザはオノマトペマップ上の各オノマトペの位置を，それが最も表すと感じられる触素材の位置へと移動させる．この時，このシステムの大きな特徴として，ユーザが一つのオノマトペを移動させると，そのほかのオノマトペも，オノマトペを数値化するシステムの出力に基づくオノマトペ間の類似度にあわせて自動的に移動する．そうすることで，マップ上すべてのオノマトペを配置し直さなくても，少数のオノマトペを移動するだけで，全体の配置が調整されることになる．つまり，このシステムは，ユーザがいくつかのオノマトペを移動させることを何度か行うことで，個人の主観に合ったオノマトペ全体の関係性を効率的に調整するものである（**図8.10**）．

⑧ オノマトペを数値化するシステムでもっと個人に寄り添う　157

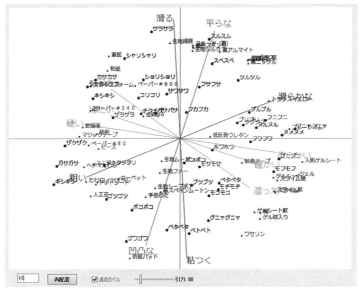

図 8.10　素材とオノマトペの個人差可視化システム

　このようにしてできたシステムの使用方法について，iPad 用アプリケーションとして実装したもので説明したい．図 8.11 はオノマトペを移動する前の初期画面である．図 8.12 は，「さらさら」というオノマトペの位置を自分の直感に合った位置に移動した後の図である．

　たとえば，4 象限に一つずつ程度の素材について，その素材の使用感を最もよく表すと思われるオノマトペを選択して，その素材の位置に移動し，固定する．適したオノマトペがマップ上にない場合は，左上のタブに入力してマップ上に追加することもできる．図 8.13 は「しっとり」を追加した場合の図である．一人一人の感じ方を表すマップができることで，どういったタイプのユーザがどのような感じ方をしやすいのかが一目で把握できる．

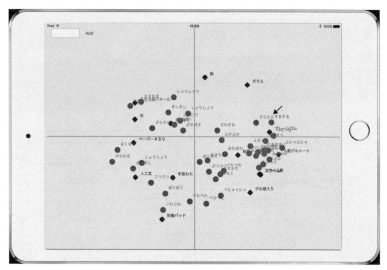

図 8.11 システムの初期画面

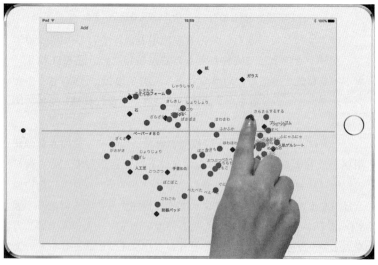

図 8.12 「さらさら」の移動後

8 オノマトペを数値化するシステムでもっと個人に寄り添う　　159

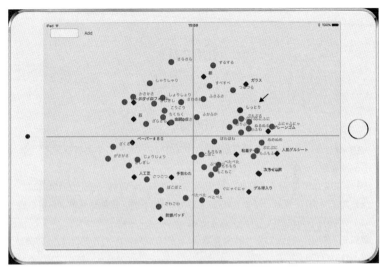

図 8.13　「しっとり」を追加後のシステムの画面

　このシステムを使えば，たとえば，ユーザに少数の化粧品の使い心地を一言のオノマトペで回答してもらうことで，化粧品の印象調査が簡単に行える．同じ化粧品でも，人によって使用感が異なるとされる課題についての解決方法の提案といえる．

　従来の科学的な研究は，個人差がないような部分に真理を求め，個人差を捨象し，平均化して現象を捉えようとしたものが多いが，一人一人のものの感じ方の違いに寄り添う研究も必要なのではないか．

引用文献

【和文】

NTT コミュニケーション科学研究所（監修）(1997). 『日本語語彙大系』. 岩波書店.

赤松幹之 (1990). 痛みと評価. 『バイオメカニズム学会誌』, **14**(3), 151-159.

浅野鶴子（編）・金田一春彦（解説）(1978). 『擬音語・擬態語辞典（角川小辞典 12）』. 角川書店.

蘆田宏 (2004). 動き知覚と動画の認識. 『映像情報メディア学会誌』, **58**(8), 1151-1156.

飯場咲紀・土斐崎龍一・坂本真樹 (2013). テキストの感性イメージを反映した色彩・フォント推薦. 『日本バーチャルリアリティ学会論文誌』, **18**(3), 217-226.

池崎秀和 (2012). 味覚センサーで味を科学する. 『日本味と匂学会誌』, **19**(2), 125-131.

池田彩夏・小林哲生・板倉昭二 (2013). オノマトペが示す見た目と触り心地～日本人4歳児によるオノマトペのクロスモーダルな理解. 『信学技報』, **112**(412), 89-94.

石村貞夫・加藤千恵子・劉晨・石村友二郎・石村貞夫 (2010). 『多変量解析によるデータマイニング』. 共立出版.

岩宮眞一郎（編著）・日本音響学会（編）(2010). 『音色の感性学―音色・音質の評価と創造』. コロナ社.

上田祐也・清水祐一郎・坂口明・坂本真樹 (2013). オノマトペで表される痛みの可視化. 『日本バーチャルリアリティ学会論文誌』, **18**(4), 455-463.

大澤（伊藤）理英 (2007). オノマトペの意味拡張の事例に基づく共感覚的比喩表現の一方向性における反例と考察. 『日本認知言語学会論文集』, **7**,

365-374.

苧阪直行 (1999).『感性のことばを研究する―擬音語・擬態語に読む心のありか』. 新曜社.

苧阪直行 (2001). ことばと感覚―擬音語・擬態語からみるクオリアの探求.『言語』, **30**(9), 70-77.

小野正理・坂本真樹・清水祐一郎 (2011). オノマトペによる共感覚比喩が理解しやすいのはなぜか.『日本認知言語学会論文集』, **11**, 170-180.

小野正弘 (編) (2007).『日本語オノマトペ辞典―擬音語・擬態語 4500』. 小学館.

鍵谷龍樹・白川由貴・土斐崎龍一・渡邊淳司・丸谷和史・河邉隆寛・坂本真樹 (2015). 粘性知覚に関する音象徴性の検討.『人工知能学会論文誌』, **30**(1), 237-245.

笠井裕一 (2009). 痛みの種類とその表現（日常診療に役立つ整形外科領域の痛みの知識）―（痛みの診断）.『整形・災害外科』, **52**(5), 479-482.

角岡賢一 (2004). 日本語オノマトペ語彙の語源について.『龍谷大学国際センター研究年報』, **13**, 15-36.

角岡賢一 (2007).『日本語オノマトペ語彙における形態的・音韻的体系性について』. くろしお出版.

神原啓介・塚田浩二 (2010). オノマトペン.『コンピュータソフトウェア』, **27**(1), 48-55.

金明哲 (2016).『定性的データ分析（シリーズ Useful R 5)』. 共立出版.

金田一春彦 (1978). 擬音語・擬態語概説. 浅野鶴子 (編)『擬音語・擬態語辞典（角川小辞典 12)』, 3-25. 角川書店.

楠見孝・中本敬子・子安増生 (2010). 痛みの比喩表現の身体感覚と認知の構造.『心理学研究』, **80**(6), 467-475.

窪薗晴夫 (編) (2017).『オノマトペの謎―ピカチュウからモフモフまで（岩波科学ライブラリー 261)』. 岩波書店.

黒川伊保子 (2004).『怪獣の名はなぜガギグゲゴなのか』. 新潮社.

国立国語研究所 (編) (2004).『分類語彙表 増補改訂版』. 大日本図書.

小林重順 (2001).『カラーイメージスケール 改訂版』. 講談社.

小林英夫 (1965). 擬音語と擬容語.『言語生活』, **171**, 18-29.

小松孝徳・秋山広美 (2009). ユーザの直感的表現を支援するオノマトペ表現システム．『電子情報通信学会論文誌 A』，**J92-A**(11), 752-763.

權眞煥・吉野淳也・高佐原舞・中内茂樹・坂本真樹 (2018). 質感を表現するオノマトペから見た自然感と高級感の関係．『基礎心理学研究』，**36**(1), 40-49.

坂本真樹・田原拓也・渡邊淳司 (2016). オノマトペ分布図を利用した触感覚の個人差可視化システム．『日本バーチャルリアリティ学会論文誌』，**21**(2), 213-216.

坂本真樹・渡邊淳司 (2013). 手触りの質を表すオノマトペの有効性―感性語との比較を通して．『日本認知言語学会論文集』，**13**, 473-485.

篠原和子・宇野良子（編）(2013).『オノマトペ研究の射程―近づく音と意味』．ひつじ書房．

島崎千江子・吉野鈴子 (2010). 通販における衣服画像イメージの認識差異について．『大手前短期大学研究集録』，**30**, 15-42.

清水拓也・土方嘉徳・西田正吾 (2008). 発見性を考慮した協調フィルタリングアルゴリズム．『電子情報通信学会論文誌』，**91**(3), 538-550.

清水祐一郎・土斐崎龍一・鍵谷龍樹・坂本真樹 (2015). ユーザの感性の印象に適合したオノマトペを生成するシステム．『人工知能学会論文誌』，**30**(1), 319-330.

清水祐一郎・土斐崎龍一・坂本真樹 (2014). オノマトペごとの微細な印象を推定するシステム．『人工知能学会論文誌』，**29**(1), 41-52.

妹尾正巳・竹本裕子・飯田一郎・菅谷良夫・神宮英夫 (2000). スキンケア製剤使用による感情変化．『日本化粧品技術者会誌』，**34**(3), 267-272.

醍醐元正・中島信之・般若裕子 (1995). 検索条件の自動変更を組込んだ商品購入支援システムの構築．『日本ファジィ学会誌』，**7**(2), 380-389.

高田正幸 (2002). 擬音語を利用した音質評価：「ドタン」「バタン」から何が分かる？　『騒音制御』，**26**, 30-34.

田嶋香織 (2006). オノマトペ（擬音語擬態語）について．『関西外語大学留学生別科日本語教育論集』，**16**, 193-205.

田守育啓 (1993). 日本語オノマトペの音韻形態．筧寿雄・田守育啓（編）『オノマトピア―擬音・擬態語の楽園』．1-15, 勁草書房．

田守育啓・Schourup, L. (1999). 『オノマトペ―形態と意味（日英語対照研究シリーズ6）』. くろしお出版.

丹野匡貴・伊藤紀子・阪田真己子 (2010). 布の風合いを表す感性語と視覚・触覚との関連. 『日本認知科学会第 27 回大会発表論文集』, 643-648.

千々岩英彰 (1984). 『色を心で視る―色彩心理学素描』. 福村出版.

千々岩英彰 (2001). 『色彩学概説』. 東京大学出版会.

土田沙織・白井裕二・柏木ひさ子　横田徳靖・栗原英明・森田雅之・木津純子 (2009). がん患者の痛みの聞き取り方法に関する検討. 『日本緩和医療薬学雑誌』, **2**(4), 131-137.

戸井武司 (2012). 音響利用による質感向上のための快音設計. 『映像情報メディア学会誌』, **66**(5), 379-384.

土斐崎龍一・飯場咲紀・及川歩唯・清水祐一郎・坂本真樹 (2013). オノマトペによる画像色彩推薦. 『日本バーチャルリアリティ学会論文誌』, **18**(3), 357-360.

土斐崎龍一・飯場咲紀・岡谷貴之・坂本真樹 (2015). オノマトペと質感印象の結び付きに着目した商品検索への画像・テキスト情報活用の可能性. 『人工知能学会論文誌』, **30**(1), 124-137.

都甲潔 (2010). 味覚センサーの開発. 『ぶんせき』, **432**, 647-652.

永野光・岡本正吾・山田陽滋 (2011). 触覚的テクスチャの材質感次元構成に関する研究動向. 『日本バーチャルリアリティ学会論文誌』, **16**(3), 343-353.

中村重敏 (2006). 痛みの評価尺度―VAS, NRS, McGill pain questionnaire, face scale―. 『理学療法』, **23**(1), 67-73.

西田豊明・角康之・松村真宏 (2009). 『社会知デザイン』. オーム社.

服部俊一・高間康史 (2011). 推薦情報の多様化に向けた価値観推論手法の提案. 『第 27 回ファジィシステムシンポジウム講演論文集』, **27**, 247-250.

土方嘉徳 (2004). 情報推薦・情報フィルタリングのためのユーザプロファイリング技術. 『人工知能学会論文誌』, **19**(3), 365-372.

土方嘉徳 (2007). 嗜好抽出と情報推薦技術. 『情報処理学会論文誌』, **48**(9), 957-965.

飛田良文・浅田鶴子 (2002). 『現代擬音語擬態語用法辞典』. 東京堂出版.

藤沢望・尾畑文野・高田正幸・岩宮眞一郎 (2006). 2 モーラの擬音語からイメージされる音の印象. 『日本音響学会誌』, **62**(11), 774-783.

松田隆夫 (1995). 『視知覚』. 培風館.

宮崎東洋 (2005). The Fifth Vital Sign. 『順天堂医学』, **52**(2), 197-206.

八木孝彦・上田雅夫 (1984). 疼痛感覚表現用語の分析. 『白梅学園短期大学紀要』, **20**, 85-94.

八木孝彦・高沢則美 (1981). 疼痛感覚表現用語の分析. 『白梅学園短期大学紀要』, **17**, 21-30.

山口翼 (編) (2005). 『日本語 大シソーラス―類語検索大辞典』. 大修館書店.

山口仲美 (2003). 『暮らしのことば擬音・擬態語辞典』. 講談社.

山中祥男 (1997). 痛みの研究における心理学の 2,3 の問題―8―痛みの言語表現とその分析法の考案. 『上智大学心理学年報』, (12), 25-33.

山梨正明 (1988). 『比喩と理解』. 東京大学出版会.

渡邊淳司 (2014). 『情報を生み出す触覚の知性：情報社会をいきるための感覚のリテラシー（DOJIN 選書 63)』. 化学同人.

渡邊淳司・加納有梨紗・清水祐一郎・坂本真樹 (2011). 触感覚の快・不快とその手触りを表現するオノマトペの音韻の関係性. 『日本バーチャルリアリティ学会論文誌』, **16**(3), 367-370.

【欧文】

Aaker, D.A. (1991). *Brand Equity*. The Free Press.

Bloomfield, L. (1933). *Language*. George Allen & Unwin. (三宅鴻・日野資純 (訳) (1987)『言語』. 大修館書店.)

Cytowic, R.E. (1989). Synesthesia and mapping of subjective sensory dimensions. *Neurology*, **39**(6), 849-50.

Doizaki, R., Matsuda, T., Utsumi, A., Sakamoto, M. (2015) Constructing a system which proposes metaphors corresponding to the onomatopoeia expressing medical conditions. *International Journal of Affective Engineering*, **15**(2), 37-43.

Doizaki, R., Watanabe, J., Sakamoto, M. (2017) Automatic estimation of multidimensional ratings from a single Sound-symbolic word and word-based visualization of tactile perceptual space. *IEEE Transactions on Haptics*, **10**(2), 173-182.

Fleming, R.W. (2014)Visual perception of materials and theirproperties. *Vision Research*, **94**(0), 62-75.

Hamano, S. (1998) *The Sound-Symbolic System of Japanese*(Studies in Japanese Linguistics 10). CSLI publications and Kuroshio.

Hänig, D.P.(1901). Zur psychophysik des geschmackssinnes. *Philosophische Studien*, **17**, 576-623.

Henning, H.(1916). Die qualitatenreihe des geschmacks. *z. f. Psychology*, **74**, 203-219.

Imai, M., Kita, S., Nagumo, M., Okada, H. (2008). Sound symbolism facilitates early verb learning. *Cognition*, **109**(1), 54-65.

Imai, M., Miyazaki, M., Yeung, H. H., Hidaka, S., Kantartzis, K., Okada, H., *et al.* (2015) Sound symbolism facilitates word learning in 14-month-olds. *PLoS ONE*, **10**(2), e0116494.

Ivanova, G. (2006). Sound-symbolic approach to Japanese mimetic words. *Toronto Working Papers in Linguistics*, **26**, 103-114.

Kakehi, H., Tamori, I., Schourup, L. (1996). *Dictionary of iconic expressions in Japanese*. Mouton de Gruyter.

Kanero, J., Imai, M., Okuda, J., Okada, H., Matsuda, T. (2014) How sound symbolism is processed in the brain: A Study on Japanese Mimetic Words. *PLoS ONE*, **9**(5), e97905.

Kawabe, T., Maruya, K., Fleming, W. R., Nishida, S. (2015). Seeing liquids from visual motion. *Vision Research*, **109**, 125-138.

Keller, K.L. (1998). Brand Equity. In Dorf, R. (ed.) *The Handbook of Technology Management*. CRC Press Inc., **12**, 59-65.

Köhler, W (1929). *Gestalt Psychology*. Liveright.

Melzack, R. (1975). The McGill Pain Questionnaire: major properties and scoring methods. *Pain*, **1**, 277-299.

Melzack, R. (2005). The McGill Pain Questionnaire: from description to measurement. *Anesthesiology*, **103**(1), 199-202.

Ohala, J.J. (1983). Cross-language use of pitch: an ethnological view. *Phonetica*, **40**, 1-18.

Osaka, N. (2009). Walk-related mimic word activates the extrastriate visual cortex in the human brain: an fMRI study. *Behavioural Brain Research*, **198**, 186-189.

Osaka, N., Osaka, M., Kondo, H., Morishita, M., Fukuyama, H., Shibasaki, H. (2003). An emotion-based facial expression word activates laughter module in the human brain: a functional magnetic resonance imaging study. *Neuroscience Letters*, **340**(2), 127-130.

Osgood, C. E., Suci, G. J., Tannenbaum, P. H. (1957). *The Measurement of Meaning*. University Illinois Press.

Ozturk, O., Krehm, M., Vouloumanos, A. (2013). Sound symbolism in infancy: evidence for sound-shape cross-modal correspondences in 4-month-olds. *Journal of Experimantal Child Psychology*, **114**(2), 173-86.

Peterson, R. A., Ross, I (1972). How to name new brands. *Journal of Advertising Research*, **12**, 29-34.

Ramachandran, V.S., Hubbard, E.M. (2001). Synaesthesia - a window into perception, thought, and language. *Journal of Consciousness Studies*, **8**, 3-34.

Sakamoto, M. , Ueda, Y., Doizaki, R., Shimizu, Y. (2014). Communication support system between Japanese patients and foreign doctors using onomatopoeia to express pain symptoms. *Journal of Advanced Computational Intelligence and Intelligent Informatics*, **18**(6), 1020-1025.

Sakamoto, M., Watanabe, J. (2016). Cross-modal associations between sounds and drink tastes/textures: A study with spontaneous production of sound-symbolic words. *Chemical Senses*, **41**, 197-203.

Sakamoto, M., Watanabe, J. (2017). Exploring tactile perceptual dimensions using materials associated with sensory vocabulary. *Frontiers in Psychology*, **8**, 1-10.

Sakamoto, M., Yoshino, J., Doizaki, R., Haginoya, M. (2016). Metal-like texture design evaluation using sound symbolic words. *International Journal of Design Creativity and Innovation*, **4**(3-4), 181-194.

Sakamoto, M., Yoshino, J., Watanabe, J. (2013). Development of tactile materials representing human basic tactile sensations. *Proceedings of the 5th International Congress of International Association of Societies of Design Research* (*IASDR* 2013), 1068-1074.

Sapir, E. (1929). A study of phonetic symbolism. *Journal of Experimental Psychology*. **12**, 225-239.

Saussure, F. (1916). Nature of the linguistics sign. In Bally, C., Sechehaye, A. (Ed.). *Cours de linguistique générale, Part one, General principles*, Chapter I, 167. McGraw Hill Education.

Schloss, I. (1981). Chickens and Pickles. *Journal of Advertising Research*, **21** (6), 47-49.

Sharan, L., Rosenholtz, R., Adelson, E. H. (2014). Material perception: What can you see in a brief glance? *Journal of Vision*, **14**(9), article 12.

Ullmann, S. (1962). *Semantics*. Blackwell.

Yorkston, E., Menon, G. (2004). A sound idea: Phonetic effects of brand names on consumer judgments. *Journal of Consumer Research*, **31**(1), 43-51.

おわりに　人工知能でも重要なオノマトペの大いなる可能性

　本書では，日本人なら誰しも一日に一度は日常生活で使うオノマトペが，学術的にも非常に重要な可能性を秘めていることについて解説した．

　オノマトペは「言語」なので，当然言語学の研究対象として注目されてきた．といっても言語学では，意味が曖昧で，幼児が使う特殊な言語として研究対象の中心にはなりにくかった．しかし，20世紀に入って，音と意味の必然的ともいえるような結びつきが報告されるようになり，1920年代から，心理学でも，そのことを実証するような実験が繰り返されるようになった．その後，言語学と心理学での研究対象として，現在まで精力的に研究が行われ，オノマトペを扱った書籍も学術書から一般書まで，幅広く出版されている．

　一方，オノマトペが工学的な研究で応用されるようになったのは，つい最近である．オノマトペは，任意の対象の物音や動きや様子を感覚的に表現したものであるため，システムに感覚的な指示を与えられる，といった魅力などから，オノマトペを工学的に応用しようとする研究がされるようになってきた．2011年以降，人工知能学会全国大会において，小松孝徳氏らがオーガナイズドセッション「オノマトペの利活用」を開催し，『人工知能学会論文誌』2015年1月号で特集が組まれたことで，人工知能分野におけるオノマトペ研究が加速した．

　筆者の研究室でのオノマトペ研究は，「ふわふわ」のように慣習

的に知識として獲得される側面だけでなく,「もふもふ」という新しいオノマトペまで生み出す,人の感性に着目している,という特徴がある.人が五感を通して感じた微細な印象の違い,快・不快といった感性が表されるという特長を重視している.たとえば,乾いているという触覚を通して知覚される情報を表しうるオノマトペは「さらさら」「かさかさ」「がさがさ」など多数あるが,気持ちいいという感情と結びつく傾向があるのは「さらさら」であり,あまり良くない乾いた感が表される傾向があるのは「かさかさ」,それがより強いのは「がさがさ」など,類似するオノマトペ表現同士には細かい差異がある.

そして,本書で紹介した五感,感性,感情まで,オノマトペで表される豊かな情報を数値化する手法として筆者らが提案したシステムは,オノマトペから人が感じたことや感情を推定するだけでなく,人の感性に働きかけられる人工知能開発にまで貢献できる可能性がある.

急速に発展した人工知能が得意としている対象は,正解不正解があるような「知識」に該当するようなものである.正解不正解があるものは,学習すれば獲得できるが,「感性」には正解不正解がない.松村明(編)『大辞林第三版』(三省堂, 2006)を参考にまとめると,「感性」とは,外界の刺激に応じて,知覚・感覚を生ずる感覚器官の感受能力であり,人間の身体的感覚に基づき物事から感じる能力である.

人は外界のものについて,聴覚,視覚,触覚,味覚,嗅覚といった五感を通して知覚し,何かを感じて,好き嫌いといった感情や購入するに値するかどうかといった価値判断をしたりする.現在の人工知能は,この処理の流れの最初の部分,外界のものが何であるか,を高精度かつ高速に認識できるようになっただけである.ただ

し，聴覚的な情報については高性能マイク，視覚的な情報については高精度カメラに支えられ，人には知覚不能な微細な認識を人では不可能なほどの速さで行えるようになっている．

しかし，同じものを見たり，聞いたり，触れたりしても，そこから何を感じるか，好きと思うか嫌いと思うか，価値を感じるかは人それぞれで，正解不正解はない．そのため，人のような身体や感覚器官をもたない人工知能に，何をどのように学習させたらよいかは，そのものが何であるかを学習させる場合よりはるかに難しい．

それでは人工知能において感性は対象外となるのか，というとそういうわけにはいかない．人に寄り添い，人を強力に支援し，人と共生する人工知能を作るためには，感性は無視できないのである．

人工知能で感性を扱おうとする場合，人の認知情報処理の流れを考えると，知覚・感覚を生じる感覚器官，身体的感覚が必要になる．人が五感，身体を通して知覚する情報を人工知能に取り込むにはどうしたらよいであろうか．将棋や囲碁のようなゲームのための人工知能だけを考えれば，ソフトウェアだけがあればよくて，身体のようなものは必要ないかもしれない．しかし，もし人同士が対局する時に生まれる感覚の共有，碁石をパチッと碁盤に置く時の音や指から伝わる感覚も人工知能に取り込み，人と同じような感性をもってゲームを実行させようとするなら，身体のようなものは必要かもしれない．また，ポーカーのような相手が嘘をついているかどうかなど，心理を見抜いてゲームを進めるようなゲームにおいては，感情を読む能力も必要だろう．五感の中でも，システムとしての人工知能と外界をつなぐチャンネルのうち，視覚は，高精度なカメラやリアルタイムに情報を取り込めるセンシング技術が発達しているため，ロボットのような身体にカメラを取り付ければよい．聴覚も，音声認識技術が発達しているため，問題ない．嗅覚も味覚も，

好みなどを考慮しなければ，センサが開発されているため取り込むことはできるかもしれない．しかし，触覚的な情報はどうか．触覚は外界とのインタラクションにおいて重要なインタフェースであり，手触りは，論理というよりも，人の身体から生まれる生の感覚で，たとえば指の変形から生じる肉的な経験である．このような感覚は身体をもたない人工知能に取り込むことは難しいとされ，アンドロイドなどロボット研究との連携が必要になる可能性がある．別の可能性としては，人間が何かに触れた時に「さらさら」「ざらざら」といったオノマトペで表現するという性質を利用して，物理的世界と知覚と感性を結びつけた情報として人工知能に取り込む，という可能性がある．私のオノマトペの研究は，このようなことを可能にする人工知能研究ともいえる．

　特に8章で紹介したシステムは，同一のものに対する感性的価値判断において個人差があるような認知情報処理を人工知能が学習することを可能にする技術ともいえる．個人の質感の感じ方の微細な違いを簡便に可視化，つまり画像化することで，人工知能の学習データにできるという強みがある．商品についての顧客のレビューや店頭での感想を利用することもできる．

　オノマトペを数値化する技術は，人工知能が人の感性を理解できるようになることにも貢献できるが，本書で紹介したオノマトペ生成システムをロボットに搭載すれば，ロボットに感性があるかのように人が感じることもできるようになるだろう．ギリシア哲学の時代からその存在が指摘され，言語学，心理学，マーケティング分野で注目され，工学的な応用，そして今を時めく人工知能でも有用なオノマトペにはいつまでも輝き続ける力があるように思う．

オノマトペが描き出す，新しい人間像

コーディネーター　鈴木宏昭

　オノマトペという単語を，現在60歳の私が最初に聞いたのは，10年以上前であることは確実だが，20年以上前ではないことも確実だ．つまり私たちの世代あたりでは全然一般的な用語ではなかった．そういうことなので，本書の最初の方に「今の小学生はオノマトペをよく知っている」という文章を読み，ひどく驚いた．学校でも教えられているのだ．

　こうした次第で，国会図書館の蔵書（図書）で「オノマトペ」をタイトルに含む書籍の数を少し調べてみた．すると，戦後から数えて20世紀中は10冊程度だったのが，21世紀の最初の10年では40冊，ここ10年では70冊以上となっている．また，論文検索サイトCiNiiを使ってオノマトペを論文タイトルに含む日本語論文数を調べると，1950年から1970年あたりで16本（ほぼ単一の著者），1970年から1990年だと40本程度であったのだが，21世紀に入ると桁が変わってくる．2001年からの10年では430本，2011年から現在までで700本以上の論文が刊行されている（英語は含んでいないのでもっとあるはずだと思う）．つまりオノマトペはブームなのだ．

　本書は最前線でこのブームを牽引してきた，坂本真樹さんによるものである．坂本さんは東京大学において言語学系の分野で博士の学位をとり，その後同大で助手を務めたあと，電気通信大学で研究・教育活動を続けている．文科系出身ということで，ものづくり，社会実装，産業応用を目指す人が多い工学系の学部では当初か

なり苦労されたと，ご本人から聞いたことがある．しかし，現在はオノマトペの研究を通して，同大学で最も外部資金導入額の多い研究者の一人だそうである．また本文にも書かれているように，数多くの受賞歴も有している．

本書は，オノマトペの基本から始まり，坂本さんがこの領域で展開してきた膨大な研究が一望できるものとなっている．私は坂本さんに勝っているものは，身長・体重と年齢くらいなのだが，坂本さんの研究の背景となること，そして本書の魅力について，私なりの観点から簡単に解説してみたい．

身体性認知科学とオノマトペ

さて最初にも書いたが，オノマトペはブームである．いやもうブームを超えて，定着の段階に入っていると言えるだろう．しかしこの分野をよく知らない人，（あるいは本書をこのあとがきから読んでいる人）は，なぜ「すやすや」とか「どきゅーん」とか，そんな言葉がブームになるのか，釈然としないかもしれない．これらの言葉は，明確に定義することができなくて，はっきりとした意味をもたない，幼稚なものと考える人が多いだろう．

こうした考えは，脳が身体に命令し，理性が感情を抑制するというような図式から生まれてくる．認知科学の第一世代は，まさにこの図式に従った研究を行ってきた．そこでは，人間の知能は，明確に定義されたシンボルと，明示的なアルゴリズムに基づく計算によって実現されていると考えられてきた．この枠組みでは，身体は単なる効果器（脳の命令を実行する機械に過ぎない），感情は随伴現象（よって取るに足らないもの）と見なされることが多く，これらを研究する人は非常に稀であった．

ところがこの図式は，1990年代から徐々に盛んになってきた身

体性認知科学という新しい学問領域の知見によって，見事に覆された．身体性認知科学といってもさまざまな分派があるのだが，共通するのは身体，感覚，感情，そして環境が，人間の知性にとって欠くべからざるものであるという点である．身体は脳の奴隷ではないし，感情，感覚は理性を阻害するものではない．これらは知性のパートナー，そして増幅器であり，それ抜きにはいかなる知性も存在しえないというのである．これについてあまりここで深く立ち入るわけにはいかないが，アンディ・クラークの著書『現れる存在』(NTT出版，2012)，『生まれながらのサイボーグ』(春秋社，2015) などを読まれるとよい．

　言語の文脈において，オノマトペは，比喩と並んで，身体性，感覚性を体現した言葉であることは，本書をお読みになった方ならば，誰でもわかるであろう．それは決して，うまく通常言語で表現できないから，やむなく使うものでも，また十分な知性を獲得していないから使うものでもない．認知の根幹に位置し，私たちの感覚，知覚，記憶，印象，思考を支えているのである．

　また身体性認知科学は多感覚性＝マルチモーダルを強調する．第一世代が仮定した感覚，知覚のモジュール構造（各々の感覚の処理はカプセル化されており，ほかと相互作用せずに行われる）を覆すような知見が，身体性認知科学によって数多くもたらされた．その結果，それまではややキワモノ扱いされてきた多感覚相互作用が一挙に研究の前面に躍り出ることになった．

　本書に詳しく述べられているように，オノマトペは視覚（色，形，質感，動き），聴覚，触覚，味覚などと深く関係しており，根源的にマルチモーダルな性質をもっている．たとえば，ギトギトというのは脂っこい食べ物の視覚的な印象を表すし，それを食べた時の食感をも表すし，人の性格，ふるまいから得られる印象などに用

いられることもあるだろう．このことは，私たちの体感レベルの感覚，理解をその全体性を損なうことなく表現するメディアとして，オノマトペが特殊な地位，役割にあることを示している．このようなことが本書で坂本さんが示してきた，オノマトペの表現メディアとしての優越性の背後にあると考えられる．

分野を横断する柔軟な知性

本書で述べられている坂本さんの研究で驚かされるのは，その分野横断性である．そもそも言語学という，いわゆる文系で学位を取得した人が，本書の4章以降で示される研究をしてきたというのは驚きである．つまりここでは文と理との間の横断が見られる．また，理工学などと，理学（科学）と工学は一緒にされることは多い．しかしこの2つは出所も異なれば，行き着く先も異なっている（むろん深く関係している部分も多いのだが）．前者は主に自然現象の仕組みの解明が目標であるのに対して，後者は人の社会に役立つ人工物の製作が目標となる．簡単な話，飛行機を作る時に，鳥がどう羽を動かすかを研究する必要はない．また近年は人工知能第3次ブームと呼ばれているが，ここで作られているソフトウェアのほとんどは人間の脳の働きとは無関係である．よって，科学（鳥の研究，脳の研究）と工学（飛行機の設計，AIソフト開発）は，ある程度まで独立に進められるし，多くの場合異なる人たちによって行われている．

しかし坂本さんはこの壁も悠々乗り越えて研究を進めてきた．4, 5, 6章では，味覚，視触覚，聴覚，とオノマトペの関係を分析的・科学的なアプローチで探求し，任意のオノマトペの表す意味・印象を推定するシステムを開発している．そして，7章以降ではそれを用いて模造金属の質感を向上させたり，商品イメージを提案し

たり，商品検索に利用したり，医療現場でのコミュニケーション支援をしたりという，ものづくり，工学的なアプローチで研究を進めている．こうやってまとめてしまうと，順調な発展という感じがするが，文，理，工を自在に行き来する研究者というのはとても稀な例だと思って欲しい．単なる連想に過ぎないが，こうした坂本さんの姿は，感覚の境界を難なく横断するオノマトペの姿とダブって見える．

　坂本さんが本書で述べてきたオノマトペについてのさまざまな知見は，オノマトペ自体の面白さを引き出すだけでなく，人間の新しい姿を描き出したり，新しい技術の開発を通して 21 世紀の社会を作り出したりすることにもつながる．本書を通して，この分野に関心を持つ人が増え，この研究のコミュニティーがさらに広がることを期待したい．

索 引

【オノマトペ】

いがいが　90
かりかり　85
がんがん　136
ごがごが　100
さらさら　8, 101
ざらざら　112
しっとり　157
じょがり　88
ずきずき　136
ぴかぴか　9
ぷにぷに　105
ふわふわ　83
むよむよ　87
もふもふ　85
もまもま　100

【人名】

Humboldt　11
Köhler　19
Osgood　27
Ramachandran　19
Sapir　11
Saussure　10
オズグッド　27
ケーラー　19
サピア　11
ソクラテス　4
ソシュール　10
プラトン　11
フンボルト　11
ラマチャンドラン　19

【数字・欧字】

1 点交叉　95
1 モーラ　14
2 次元マップ　156
2 モーラ　14
4 基本味　36
50 素材触感サンプルセット　55
activity　29
bouba/kiki effect　19
Brobdingnagians　5
CG　56
cold/warm　54
EC サイト　126
evaluation　29
face scale　139
FMD 画像　132
fMRI　21
frequency code hypothesis　18
F 尺度　132
GA　91
genetic algorithm　91
graphical user interface　147
GUI　147
hard/soft　53
iPad 用アプリケーション　157
Liliputians　5

loudness 61
McGill pain questionnaire 139
MPQ 139
NRS 139
numeric rating scale 139
onomatopoeia 4
onomatopoeic marker 15
phonosemantics 11
pitch 62
potency 29
rough/smooth 53
SD法 27
semantic differential method 27
SIFT特徴 130
SIFT特徴量 131
timbre 62
VAS 139
visual analogue scale 139

【あ】

明るい音 63
味の官能評価 40
味のブーバ・キキ効果 43
後味 41
甘い 89
甘味 36
粗い/なめらかな 53
アンドロイド 171
医師-患者間のコミュニケーション 138
痛み 135,137
一次的オトマトペ 12
一対比較法 64
遺伝子個体 94
遺伝的アルゴリズム 91
意味拡張 8,102
意味微分法 27
医療従事者 146
医療面接 135
医療面接支援システム 136
色温度 110
色特徴量 130
色を提案するシステム 116
因子分析 29
印象評価値 72
印象予測値 84
インターネット 125
インターネットショッピング 125
インタフェース 171
うま味 36
運動認知 56
おいしい 89
凹凸感 54
音の大きさ 61
音の高さ 62
オノマトペ 8
オノマトペ遺伝子個体 94
オノマトペ生成システム 93
オノマトペ標識 15
オノマトペマップ 153,154
オノマトポエイア 4
オピオイド 142
親個体 95
音韻意味論 11
音韻カテゴリ 77
音韻形態 14
音韻特性 72
音響音声学 16
音源 61
音質 63
音質評価 60
音象徴性 11

【か】

快・不快 47
概念 27

科学的　3
学習　104
学習データ　171
確率　92
確率的探索　91
科学研究費補助金　108
画像化　171
画像特徴量　130
かたい/やわらかい　53
片仮名　1
価値判断　169
活動性　29
かな擬似オノマトペ　102
辛い　89
加齢　153
感覚受容器　47
感覚的痛み　140
環境音　67
漢語起源　102
慣習的　10
感受能力　169
感情の痛み　140
寒色　118
感性　47,169
感性因子　54
感性の印象　79
感性的（心理的）な音　61
癌性疼痛　141
感性判断　108
擬音語　5
擬音語を数値化するシステム　60
機械音　67
幾何学パターン　114
企業名　23
疑似オノマトペ　9,101
擬情語　6
擬声語　6
擬態語　5

キャッチフレーズ　128
境界オノマトペ　102
共感覚　19
共感覚者　21
擬容語　6
共生　170
協調フィルタリング　126
キレ　41
金属性因子　65
金属調　106
金属調加飾デザイン　107
句　31
口触り　89
クモ膜下出血　149
暗い音　63
クラスター分析　46
形態素解析　73
形態認知　56
化粧品の使用感　152
語　31
効果音　67
工学的　3
口腔内気圧　16
広告コピー　37
広告表現　37
交叉　95
後舌母音　16
後退色　119
後天的　99
硬軟感　54
コク　41
語源　102
コサイン類似度　95
個人差　153
個人差可視化システム　153
古代ギリシア語　4

【さ】

再現性　45
再現率　132
材質感次元　54
材質判断　108
最適オノマトペ個体群　94
最適化　94
彩度　119
さらめく　7
触り方　48
産学連携　78
酸味　36
恣意的　10
塩味　36
色彩感情色空間　118
色彩感情効果　118
色彩の知覚感情　118
色相　119
色聴　21
色票　118
辞書的なシステム　93
自然感　54
自然選択　91,92
自然淘汰　92
舌触り　38
質感　79,107
質感認知　108
実金属　106
実験刺激飲料　44
重厚感　54
収縮色　119
周波数　18
周波信号仮説　17
主成分分析　29,68
象限　69
条件入力フォーム　96
消費者　24

商品画像　128
商品記事　130
商品検索　128
商品ページ　128
商品名　23
初期オノマトペ個体群　94
初期画面　157
食感　38,89
触質感次元　54
触素材マップ　153,154
しょっぱい　89
新オノマトペ　87
進化的計算　91
真贋判定　116
新奇性　96
人工知能　169
進出色　119
真正オノマトペ　102,104
身体　171
振動　61
心理学的尺度構成法　63
心理物理学的測定法　63
数量化理論Ⅰ類　82
酸っぱい　89
スライダ　96
静音技術　66
正解不正解　169
静止画　57
生得的　20,99
声門下気圧　16
節　31
セッション　51
線形和　72
前舌母音　16
選択　95
専門家　112
騒音　66
相関　87

操作音　66
創作支援　91
増殖するオノマトペ　8
促音　15
素材　32
素材箱　51

【た】

第一視覚野　56
多次元尺度構成法　64
多変量解析　28
探索的な動作　48
暖色　118
タンバー　62
知識　169
調音音声学　16
重畳　153
冷たい/温かい　53
テーブル　96
適応度　92
適合率　132
テクスチャー　43
デザイン作成　122
動画　57
疼痛閾値　138
トーン　121
突然変異　92
とろみ　45
とろみがある　89

【な】

内容ベースフィルタリング　126
なめらかである　89
苦い　89
苦味　36
二次的オノマトペ　12
日本語学習者　104
認知過程　77

認知メカニズム　77
音色　62
粘性　54,57
粘度　57
脳機能イメージング　22
脳波　42
喉ごしが良い　89

【は】

拍　13
迫力因子　65
はじけ感　45
はじける感じがする　89
撥音　15
パッケージ　117
バブルチャート　68
ピーク時周波数　70
被験者　32
非専門家　112
ピッチ　62
美的因子　65
比喩　136
評価　29
平仮名　1
比率の差の検定　32
風合い　120
ブーバ・キキ効果　19
フォルマント　18
物理刺激　48
物理的な音　61
ブランド・コミュニケーション　24
ブランド名　23
ブロブディンナグ族　5
文　31
平均化　159
膨張色　119

【ま】

マーケティング 23
磨耗 49
味覚 35
味覚サンプル 40
味覚センサ 41
無声子音 16
明度 119
モーラ 13
目的関数 94
模造金属 106
問診 135

【や】

有意差 32
有声子音 16
予測評価値 72
予備実験 44

【ら】

ラウドネス 61
力量 29
流体 56
リリパット族 5
臨床応用 142
倫理 49
冷温感 54
レビュー記事 129
ロボット 171

著　者

坂本真樹（さかもと　まき）

1998年　東京大学大学院総合文化研究科言語情報科学専攻博士課程単位取得退学
現　　在　電気通信大学大学院情報理工学研究科 教授，博士（学術）
　　　　　人工知能先端研究センター 教授，オスカープロモーション所属
専　　門　感性情報学，人工知能，認知科学

コーディネーター

鈴木宏昭（すずき　ひろあき）

1988年　東京大学大学院教育学研究科学校教育学専攻博士課程単位取得退学
現　　在　青山学院大学教育人間科学部教育学科 教授，博士（教育学）
専　　門　認知科学

共立スマートセレクション 29
Kyoritsu Smart Selection 29
五感を探るオノマトペ
―「ふわふわ」と「もふもふ」の違いは
数値化できる―
Onomatopoeia to Explore
the Five Senses

2019 年 6 月 10 日　初版 1 刷発行

検印廃止
NDC 801.04, 007.13

ISBN 978-4-320-00929-5

著　者　坂本真樹　Ⓒ 2019
コーディ
ネーター　鈴木宏昭
発行者　南條光章
発行所　共立出版株式会社
　　　　郵便番号　112-0006
　　　　東京都文京区小日向 4-6-19
　　　　電話　03-3947-2511（代表）
　　　　振替口座　00110-2-57035
　　　　www.kyoritsu-pub.co.jp

印　刷　大日本法令印刷
製　本　加藤製本

一般社団法人
自然科学書協会
会員

Printed in Japan

JCOPY ＜出版者著作権管理機構委託出版物＞
本書の無断複製は著作権法上での例外を除き禁じられています．複製される場合は，そのつど事前に，出版者著作権管理機構（TEL：03-5244-5088，FAX：03-5244-5089，e-mail：info@jcopy.or.jp）の許諾を得てください．

共立スマートセレクション

【各巻】B6 判・並製
税別本体価格 1600 円～ 1800 円

❶ **海の生き物はなぜ多様な性を示すのか**
数学で解き明かす謎
山口　幸著／コーディネーター：巖佐　庸

❷ **宇宙食** 人間は宇宙で何を食べてきたのか
田島　眞著／コーディネーター：西成勝好

❸ **次世代ものづくりのための電気・機械一体モデル**
長松昌男著／コーディネーター：萩原一郎

❹ **現代乳酸菌科学** 未病・予防医学への挑戦
杉山政則著／コーディネーター：矢嶋信浩

❺ **オーストラリアの荒野によみがえる原始生命**
杉谷健一郎著／コーディネーター：掛川　武

❻ **行動情報処理**
自動運転システムとの共生を目指して
武田一哉著／コーディネーター：土井美和子

❼ **サイバーセキュリティ入門**
私たちを取り巻く光と闇
猪俣敦夫著／コーディネーター：井上克郎

❽ **ウナギの保全生態学**
海部健三著／コーディネーター：鷲谷いづみ

❾ **ICT未来予想図**
自動運転，知能化都市，ロボット実装に向けて
土井美和子著／コーディネーター：原　隆浩

❿ **美の起源** アートの行動生物学
渡辺　茂著／コーディネーター：長谷川寿一

⓫ **インタフェースデバイスのつくりかた**
その仕組みと勘どころ
福本雅朗著／コーディネーター：土井美和子

⓬ **現代暗号のしくみ**
共通鍵暗号，公開鍵暗号から高機能暗号まで
中西　透著／コーディネーター：井上克郎

⓭ **昆虫の行動の仕組み**
小さな脳による制御とロボットへの応用
山脇兆史著／コーディネーター：巖佐　庸

⓮ **まちぶせるクモ** 網上の10秒間の攻防
中田兼介著／コーディネーター：辻　和希

⓯ **無線ネットワークシステムのしくみ**
IoTを支える基盤技術
塚本和也著／コーディネーター：尾家祐二

⓰ **ベクションとは何だ!?**
妹尾武治著／コーディネーター：鈴木宏昭

⓱ **シュメール人の数学**
粘土板に刻まれた古の数学を読む
室井和男著／コーディネーター：中村　滋

⓲ **生態学と化学物質とリスク評価**
加茂将史著／コーディネーター：巖佐　庸

⓳ **キノコとカビの生態学** 枯れ木の中は戦国時代
深澤　遊著／コーディネーター：大園享司

⓴ **ビッグデータ解析の現在と未来**
Hadoop, NoSQL, 深層学習からオープンデータまで
原　隆浩著／コーディネーター：喜連川　優

㉑ **カメムシの母が子に伝える共生細菌**
必須相利共生の多様性と進化
細川貴弘著／コーディネーター：辻　和希

㉒ **感染症に挑む** 創薬する微生物 放線菌
杉山政則著／コーディネーター：高橋洋子

㉓ **生物多様性の多様性**
森　章著／コーディネーター：甲山隆司

㉔ **溺れる魚，空飛ぶ魚，消えゆく魚**
モンスーンアジア淡水魚探訪
鹿野雄一著／コーディネーター：高村典子

㉕ **チョウの生態「学」始末**
渡辺　守著／コーディネーター：巖佐　庸

㉖ **インターネット，7つの疑問**
数理から理解するその仕組み
大崎博之著／コーディネーター：尾家祐二

㉗ **生物をシステムとして理解する**
細胞とラジオは同じ!?
久保田浩行著／コーディネーター：巖佐　庸

㉘ **葉を見て枝を見て** 枝葉末節の生態学
菊沢喜八郎著／コーディネーター：巖佐　庸

㉙ **五感を探るオノマトペ**
「ふわふわ」と「もふもふ」の違いは数値化できる
坂本真樹著／コーディネーター：鈴木宏昭

（価格は変更される場合がございます）

共立出版